REVERSE
COLOURING

DIBUJAR LA NATURALEZA SOBRE FONDOS DE ACUARELA

Cécile Baude-Tagnard

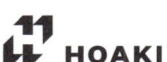
HOAKI

IDEAS PARA EL COLOREADO INVERSO

¿No sabes por dónde empezar?
Prueba algunas de estas ideas, a ver adónde te llevan.

Pequeñas criaturas

Estrellas

Rellenos

Puntos

Círculos

Hojas

Dejar espacio

Corazones

Manchas

Trazos instintivos

Formas

Rizos

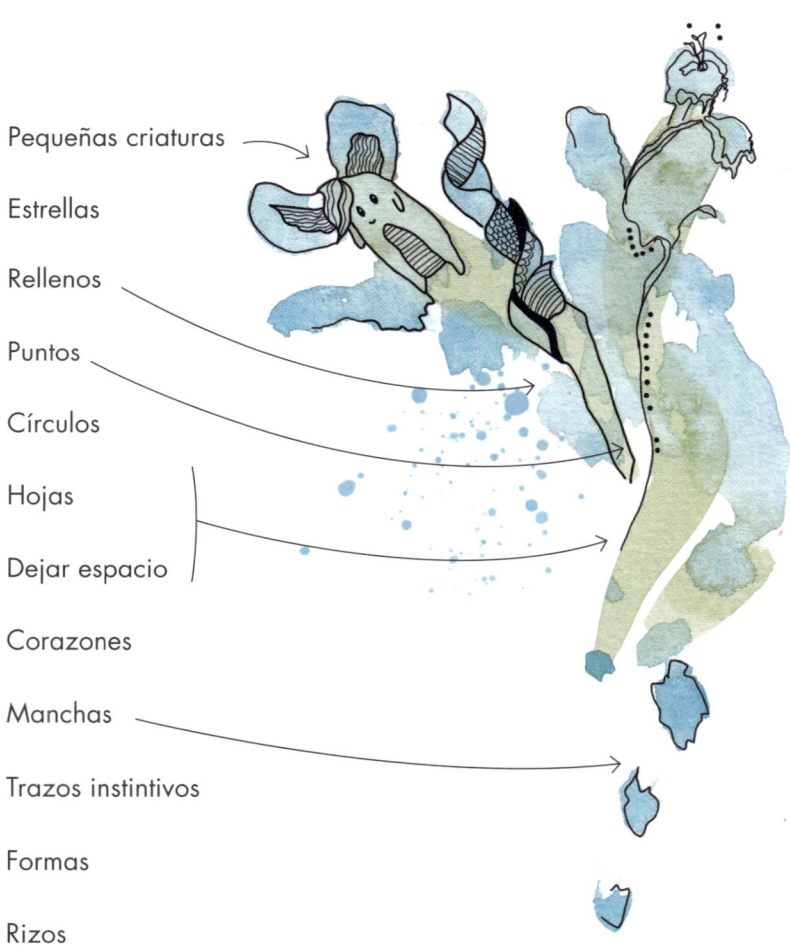

REVERSE
COLOURING

DIBUJAR LA NATURALEZA SOBRE FONDOS DE ACUARELA

HOAKI

Hoaki Books, S.L.
C/ Ausiàs March, 128
08013 Barcelona, España
T. 0034 935 952 283
F. 0034 932 654 883
info@hoaki.com
www.hoaki.com
⊙hoakibooks

Reverse Colouring
Dibujar la naturaleza sobre fondos de acuarela

ISBN: 978-84-19220-94-3

Copyright © 2024 Hoaki Books, S.L.
Ambiance Nature, Collection Coloriage inversé © 2022 Huapango /
Un Dimanche Après-Midi.
Esta traducción de *Ambiance Nature*, publicado por primera vez en Francia,
se publica con el acuerdo de Cat on a Book Agency, Francia.

Autora: Cécile Baude-Tagnard
Traducción: Jesús de Cos Pinto y Alicia Misrahi Vallès
Diseño de cubierta: Claudia Martínez Alonso

D.L: B 6292-2024

Impreso en China

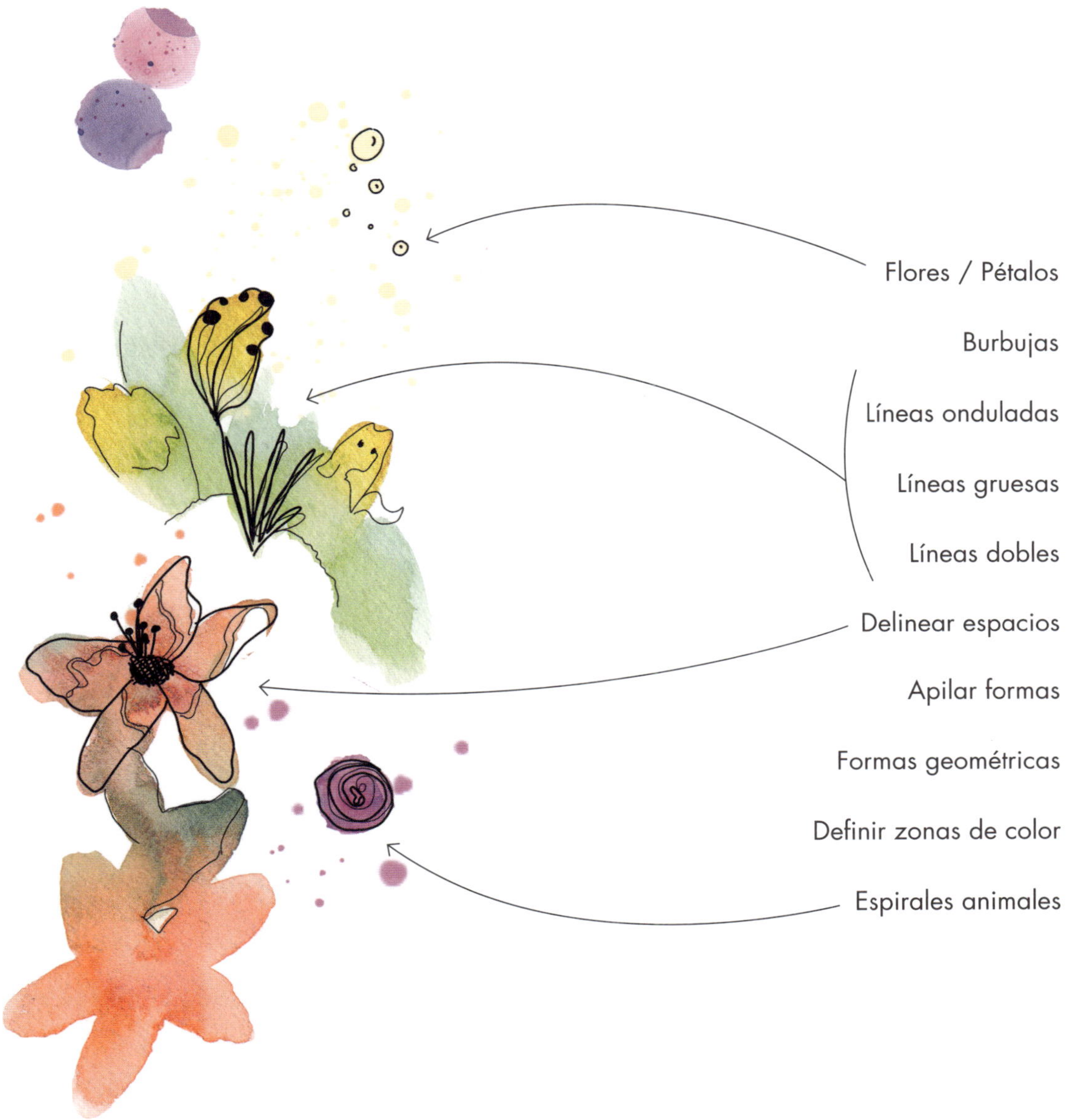

Flores / Pétalos

Burbujas

Líneas onduladas

Líneas gruesas

Líneas dobles

Delinear espacios

Apilar formas

Formas geométricas

Definir zonas de color

Espirales animales

¡NO HAY REGLAS!

Puedes utilizar tu herramienta favorita.
No hay reglas: ¡TÚ DECIDES!
Los ejemplos a la derecha están hechos con
rotuladores de punta fina. El resultado, como ves,
depende del grosor de la punta.
Experimenta, déjate llevar. Lo más importante es que
te diviertas y disfrutes del placer de colorear.

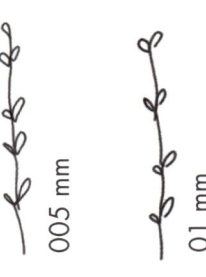

005 mm

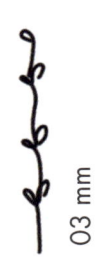

01 mm

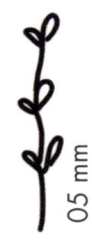

03 mm

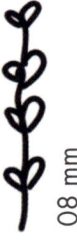

05 mm

08 mm

Añade contornos a los pétalos y nervios a las hojas para crear un bonito ramo de peonías.

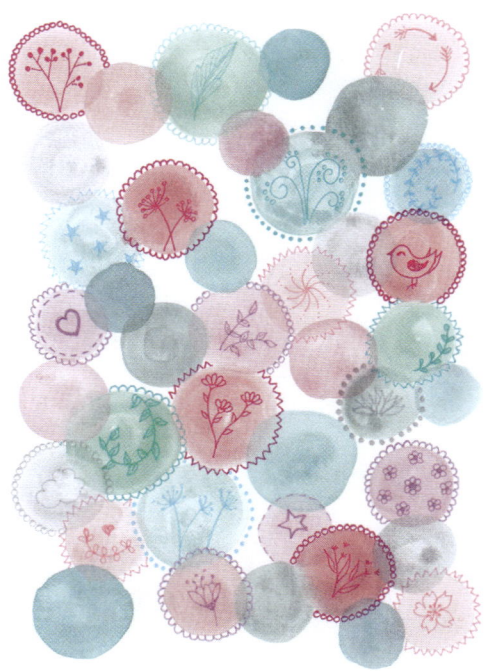

Las variaciones son infinitas. Utilizando rotuladores de distintos colores crearás diseños originales.

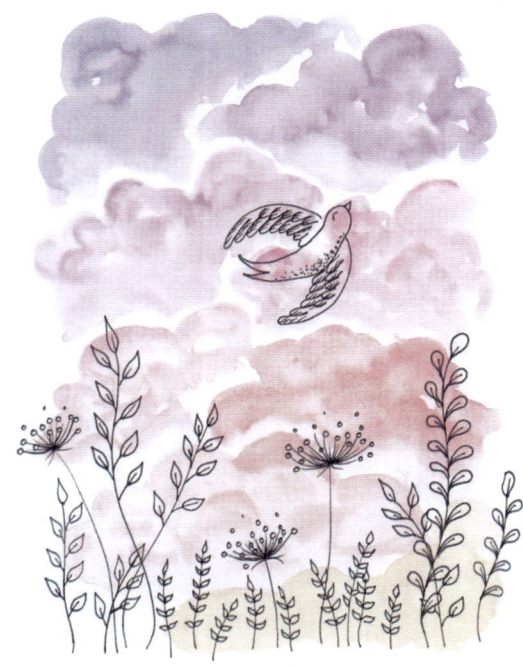

¡Suéltate! Utiliza los fondos de este libro como base de dibujos sencillos para ilustraciones elegantes.

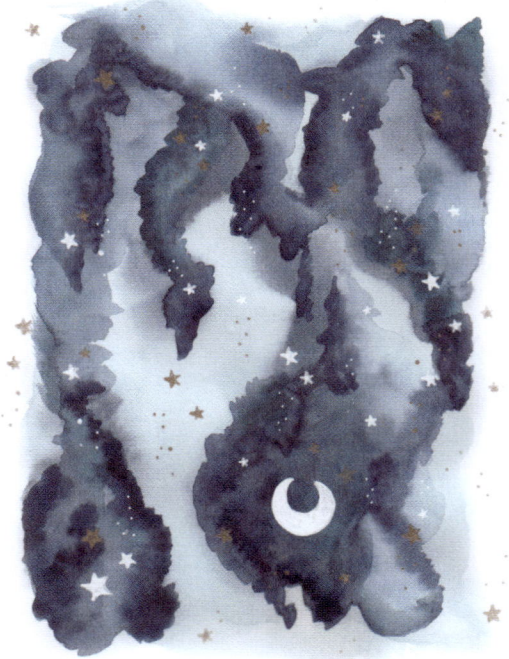

Un cielo con algunas estrellas en tinta dorada o blanca y una luna creciente. Fíjate en los puntos dispersos que dan profundidad.

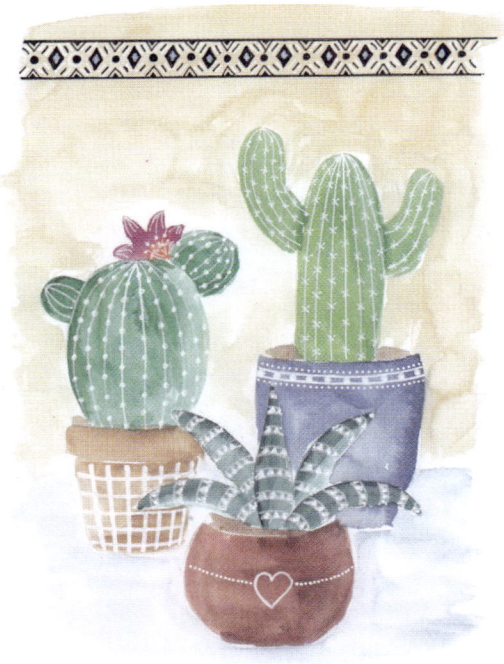

Puedes añadir frisos geométricos o estilizar los contornos de una planta. Aquí hemos utilizado un rotulador de gel blanco.

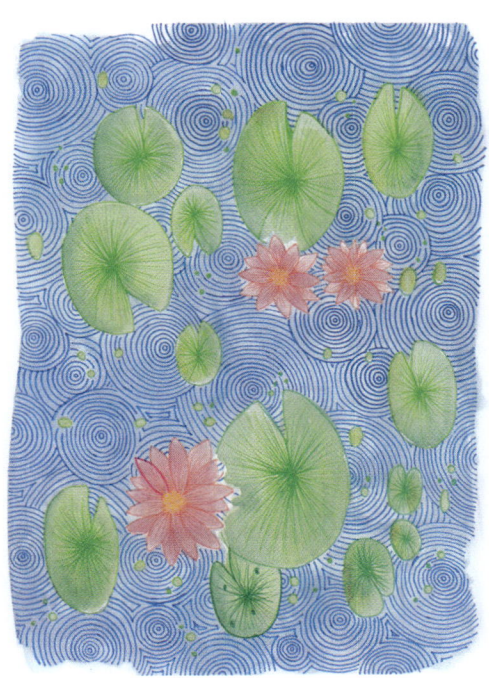

Este conjunto de nenúfares se ha creado utilizando colores tono sobre tono. El agua está representada por círculos concéntricos.

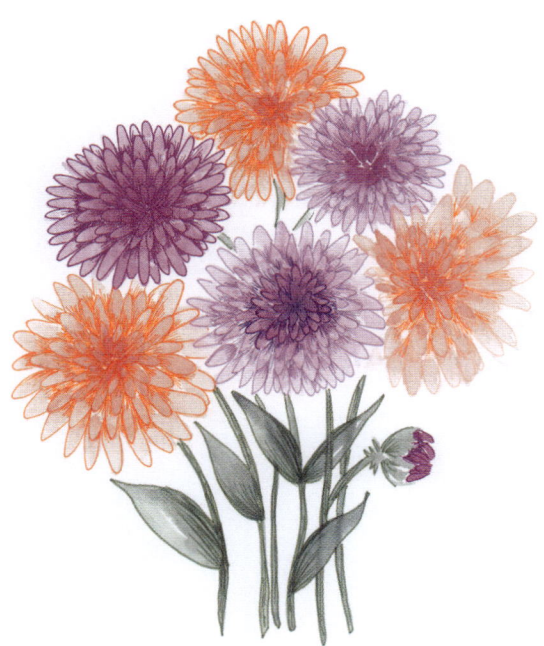

Los contornos se crearon con rotuladores de color tono sobre tono. Obsérvese el tramado en la base de los pétalos, que da relieve a las flores.

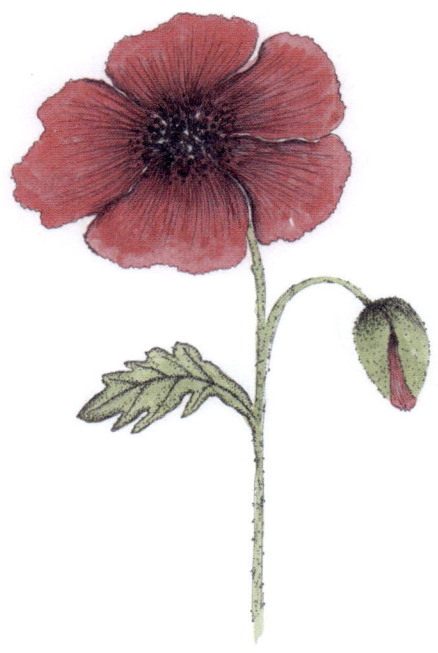

Es fácil hacer esta amapola dibujando finamente los contornos. Representa los pistilos con círculos y traza líneas ligeras a su alrededor.

LA CREACIÓN ES
TIEMPO EXTRAORDINARIO
ROBADO AL TIEMPO ORDINARIO

A menudo oigo en mis talleres «ay, pero es que yo no sé dibujar, no podría hacer lo que tú haces».

Siempre digo que hay que empezar por intentarlo.

Pero ahora, sepas o no sepas dibujar, con este libro todo es posible: todo se puede hacer.

No hay reglas, ni resultados buenos o malos, ni límites a la imaginación.

Algunas de mis acuarelas son más abstractas que otras, pero depende de ti interpretarlas, transformarlas y hacerlas únicas.

Que yo haya dibujado una flor no significa que tú no puedas utilizar esa forma para hacer una mariposa o una cara. (Re)descubre el placer de dejar jugar a tu imaginación, de garabatear, de dibujar, de seguir o no las formas.

Así que saca los lápices… **atrévete, y, sobre todo, ¡diviértete!**

Cécile Baude-Tagnard
instagram: @oiseau.lune

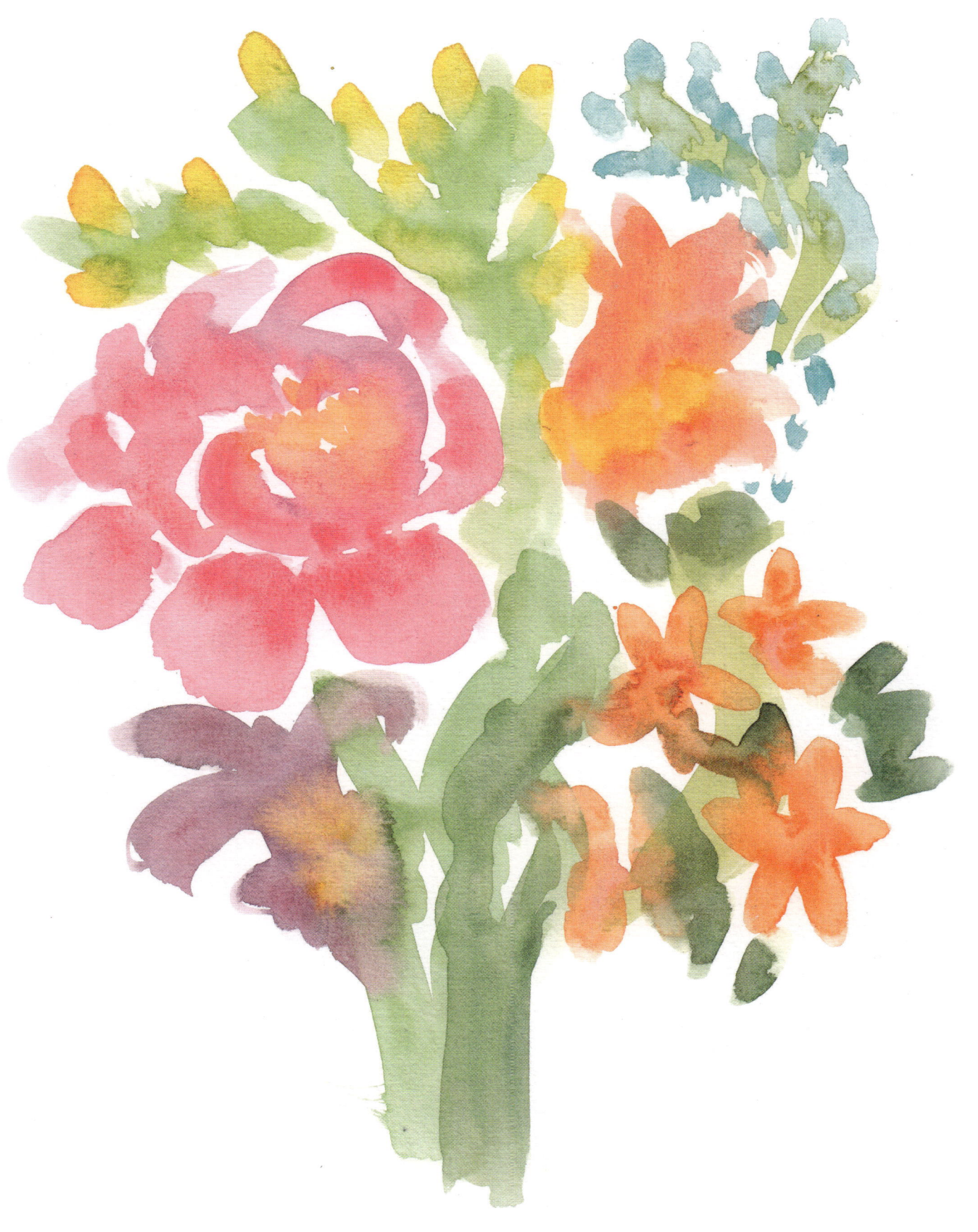

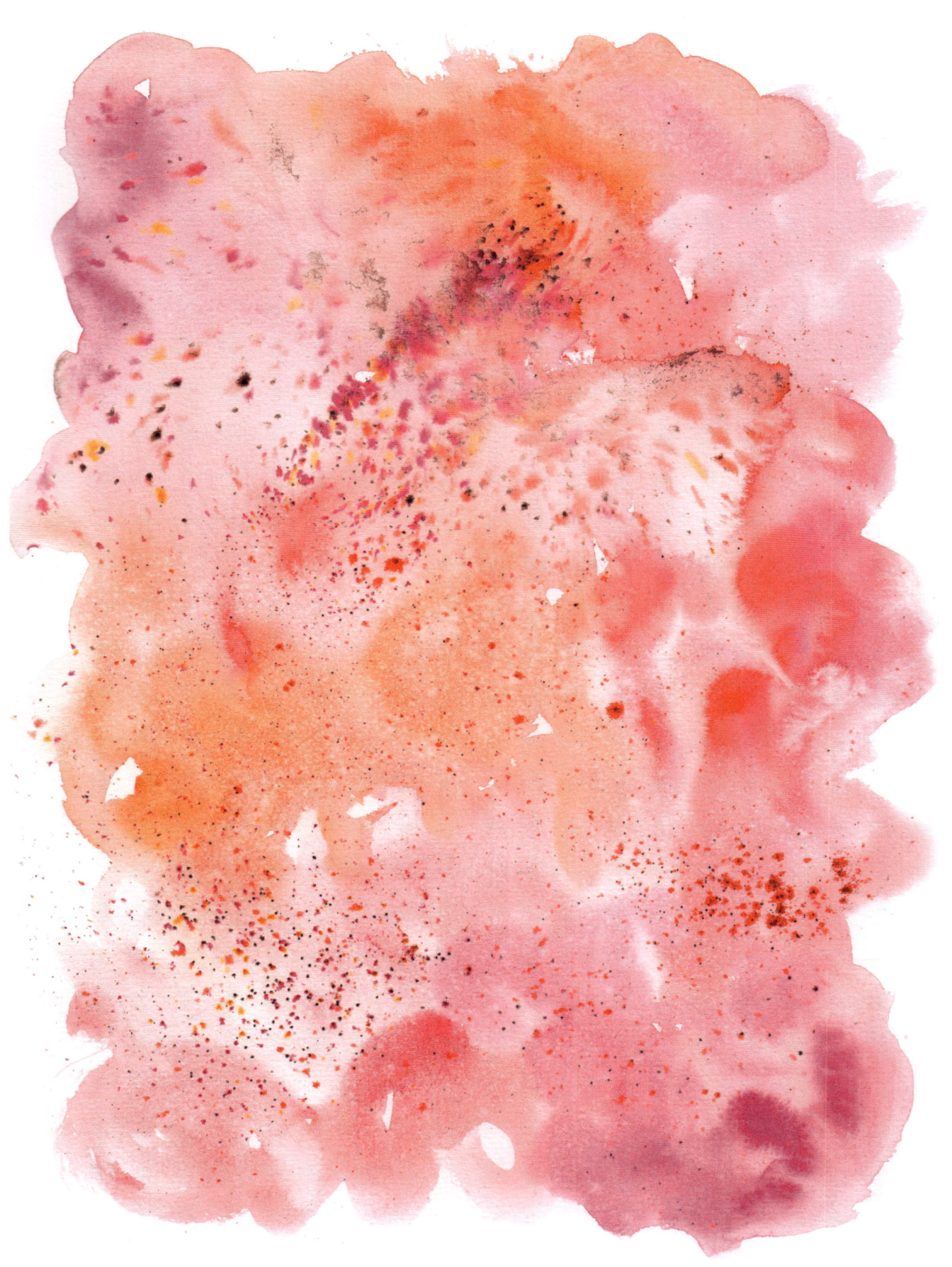

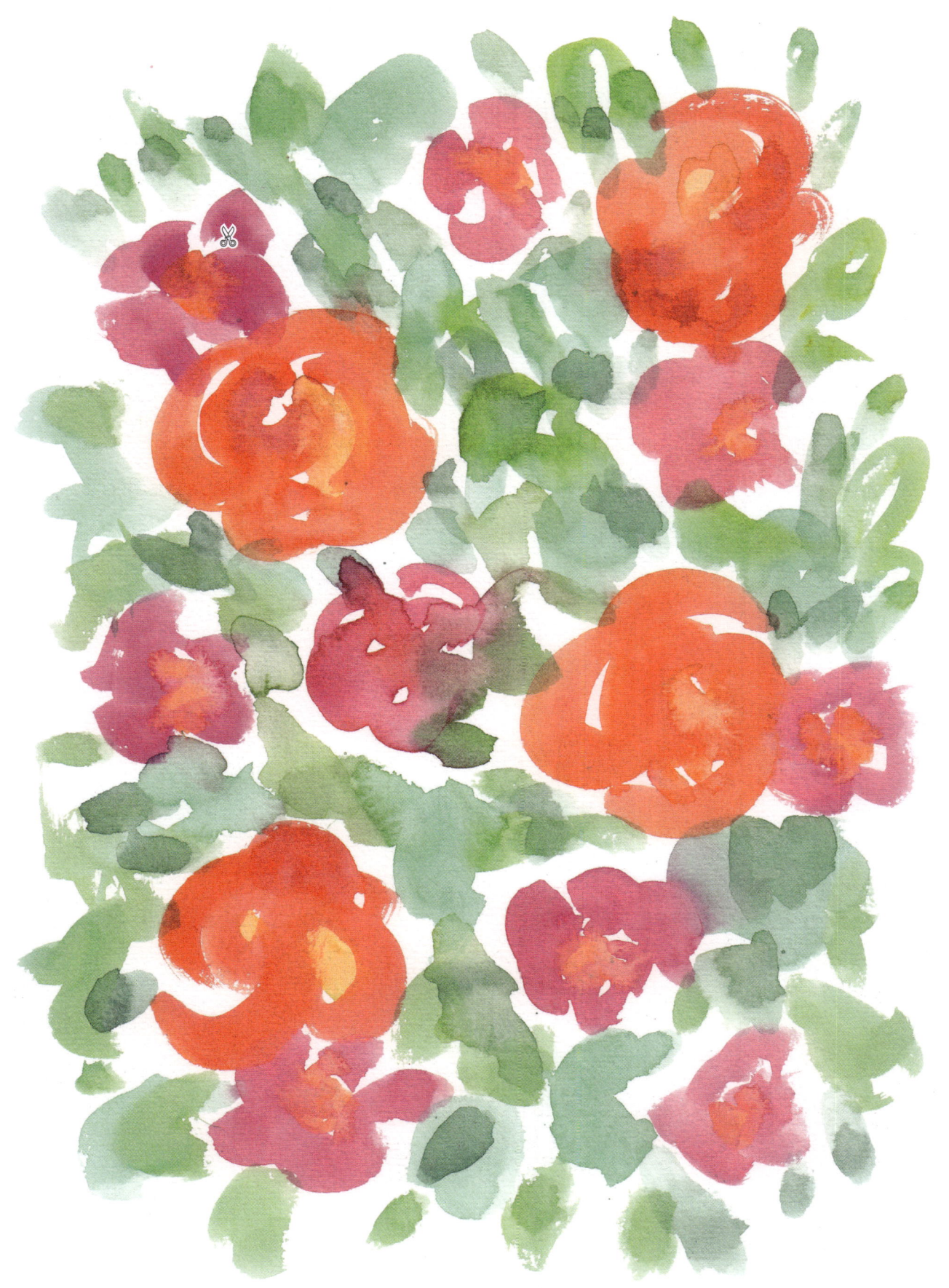

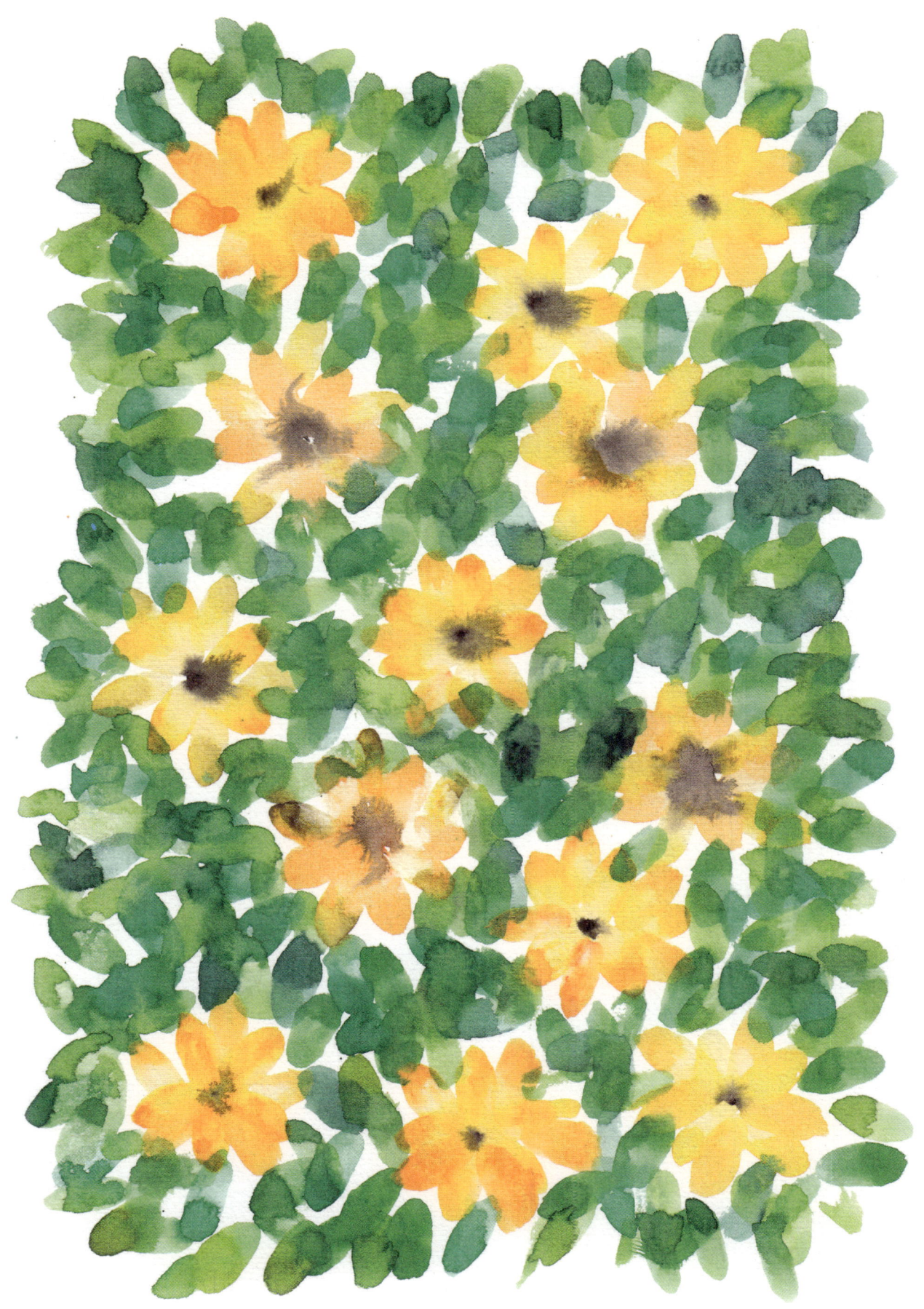

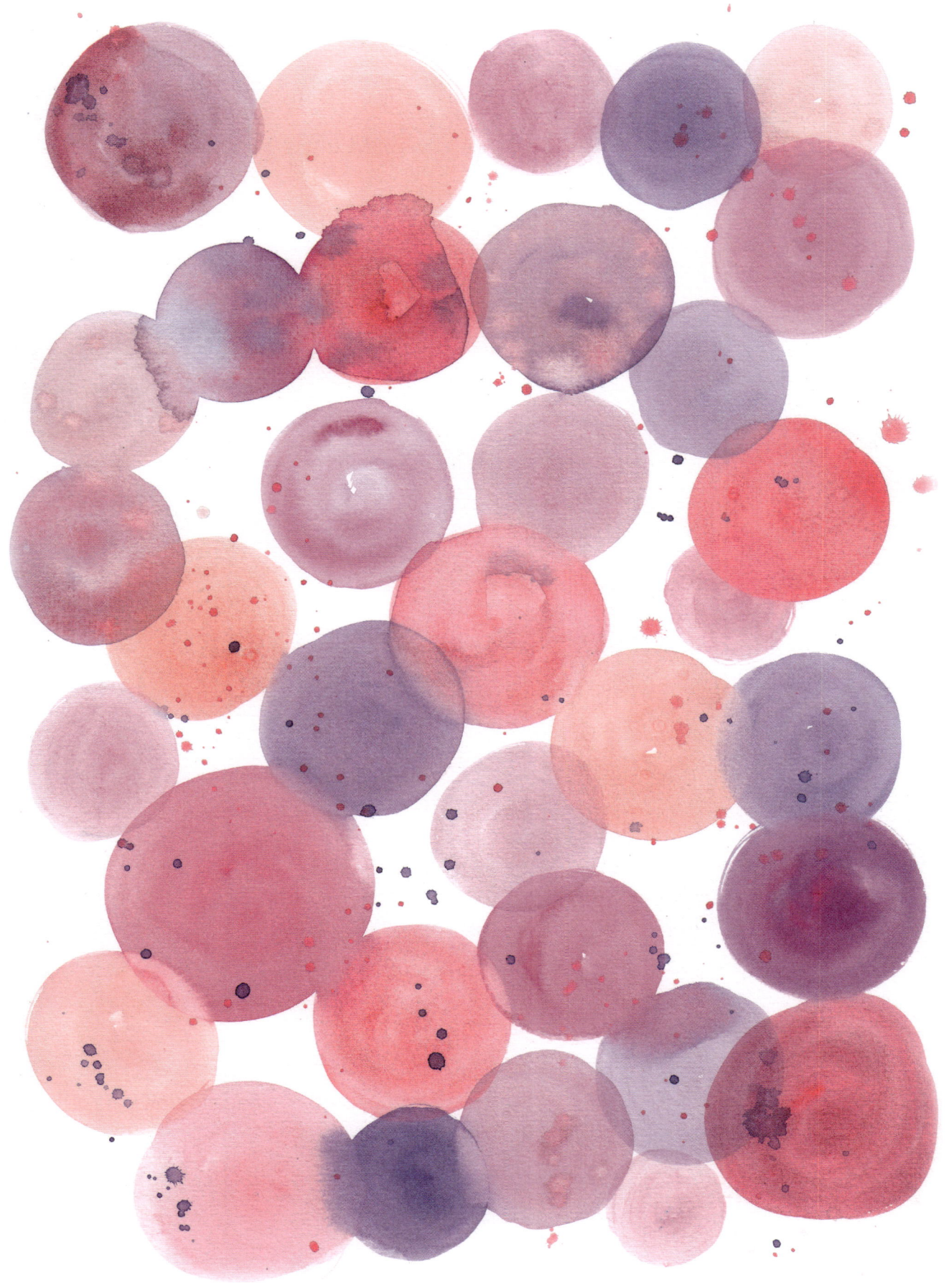

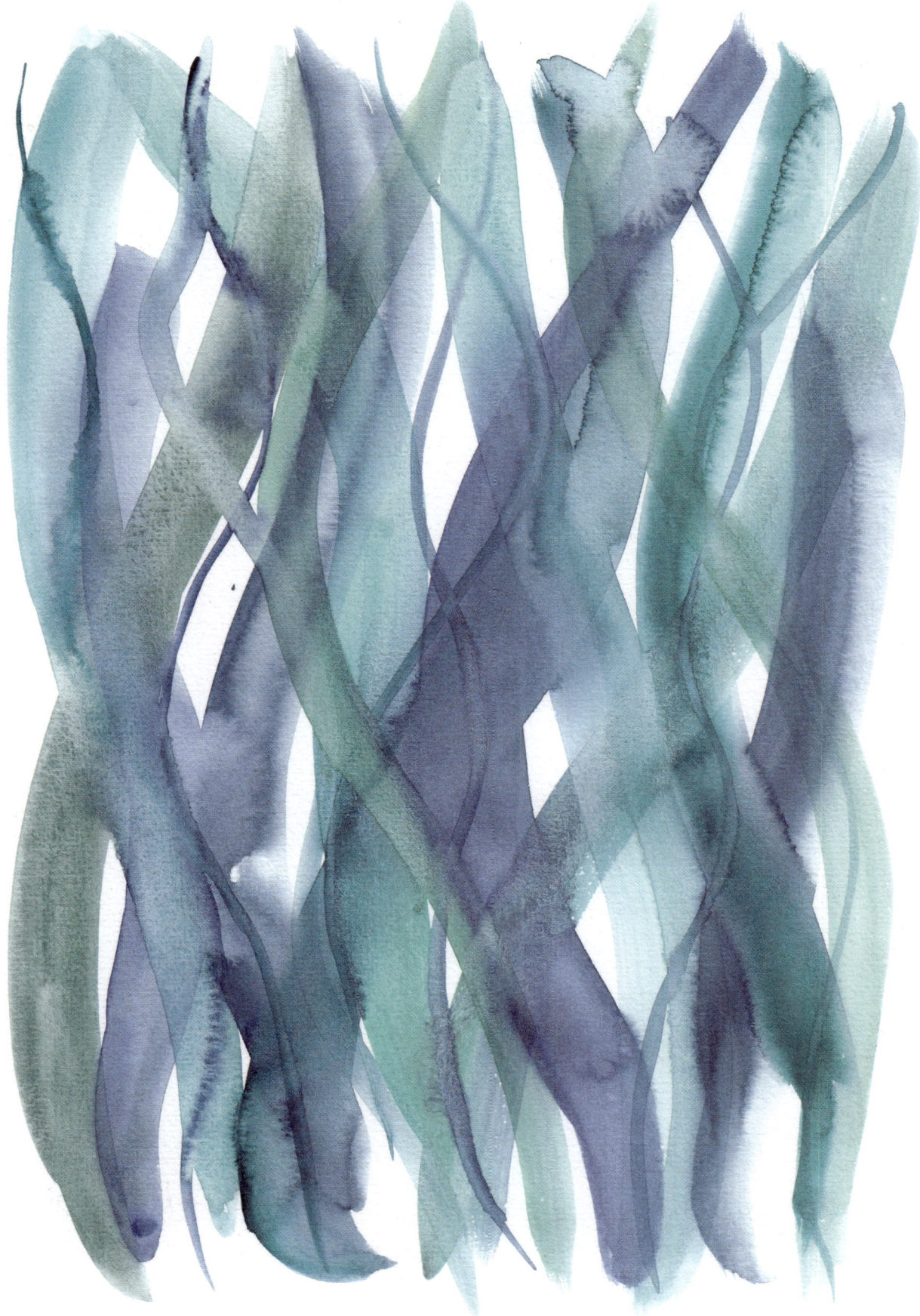

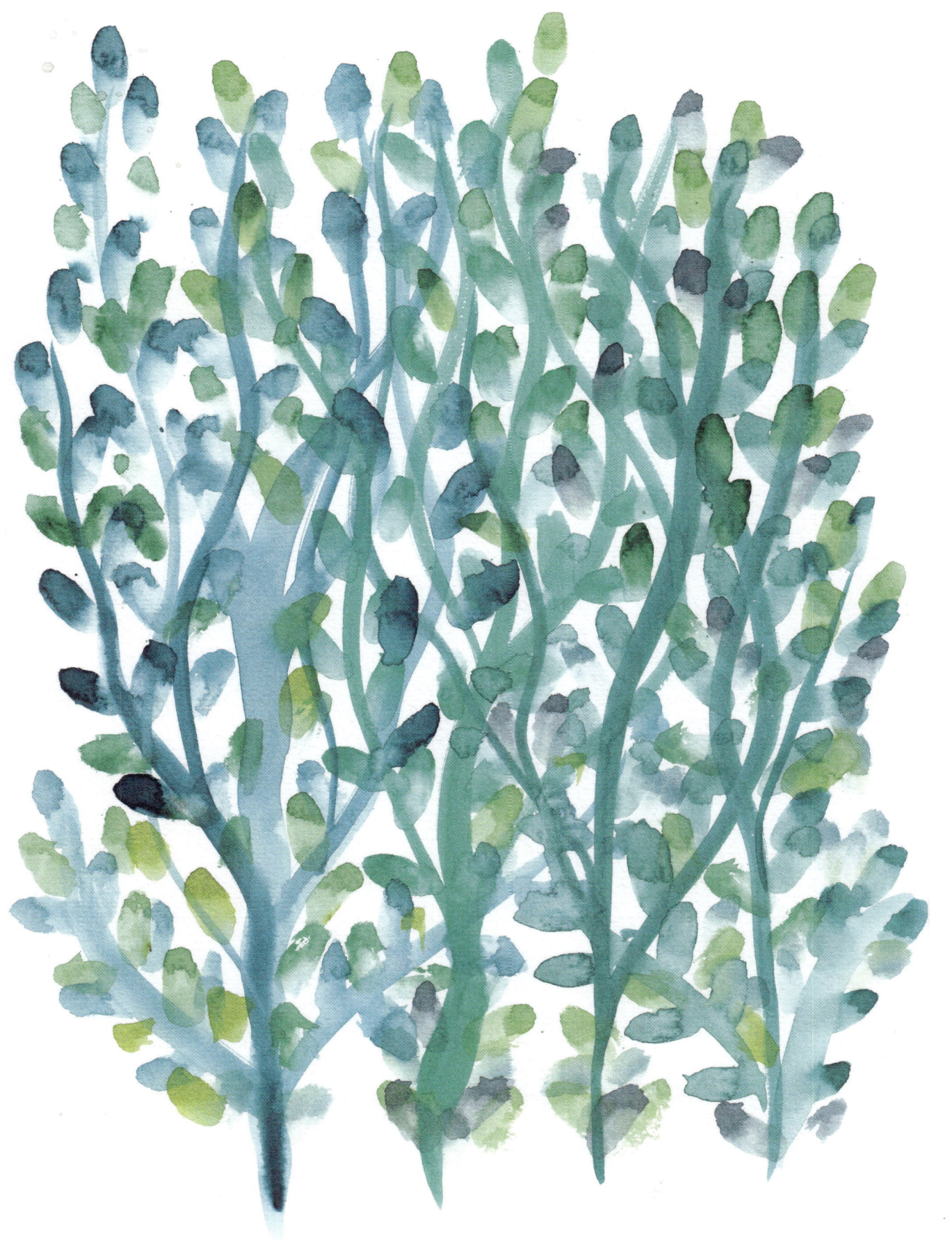

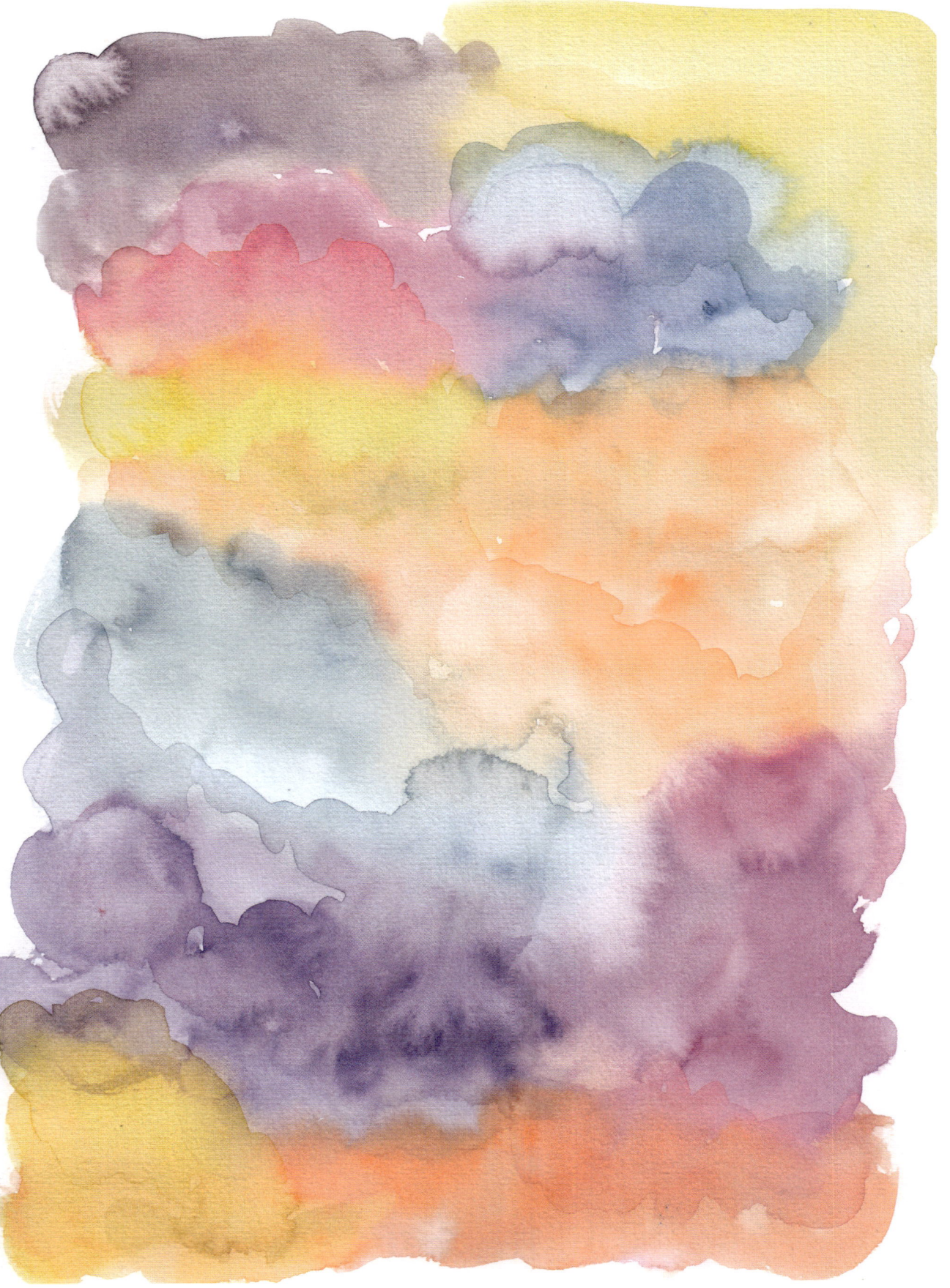

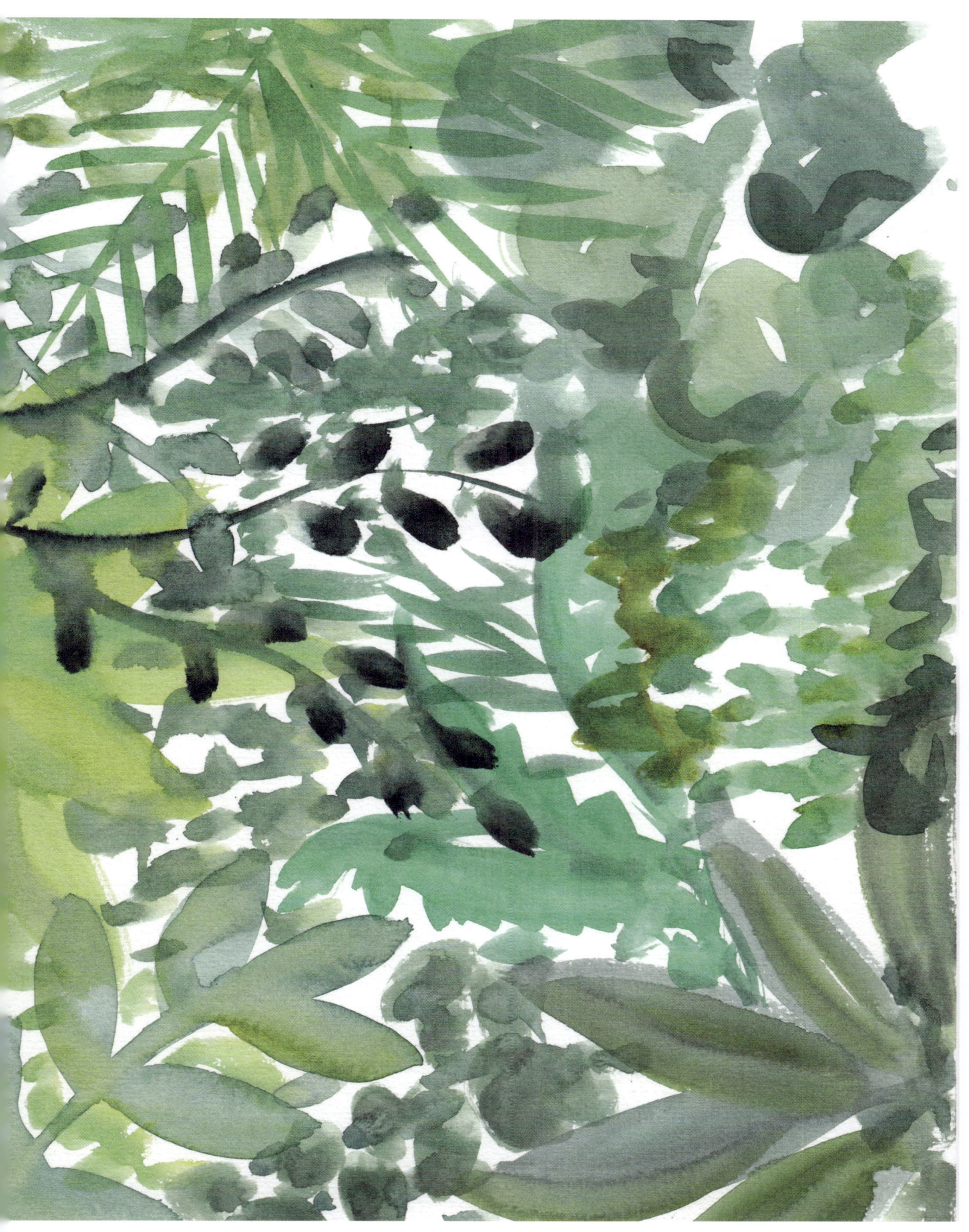

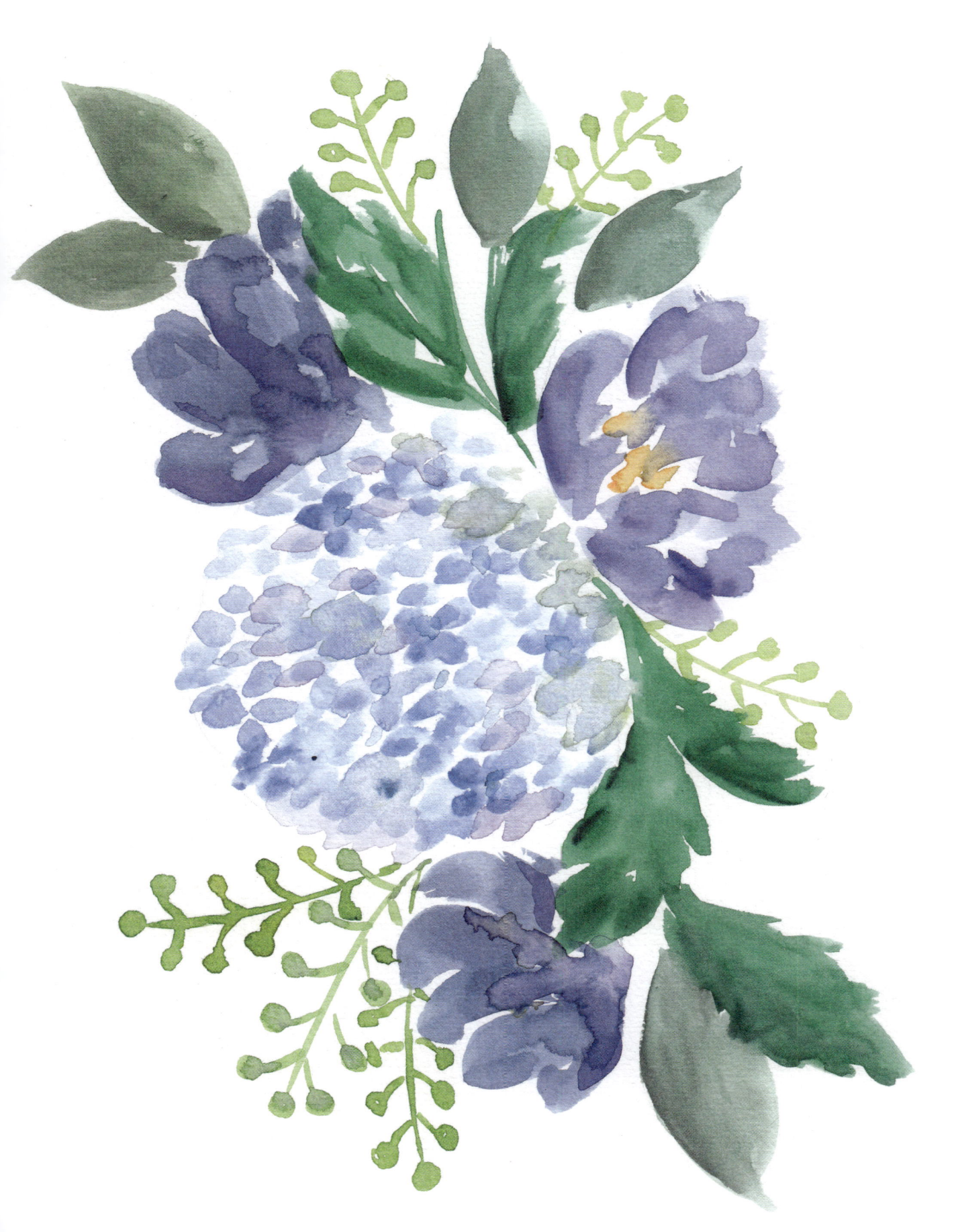

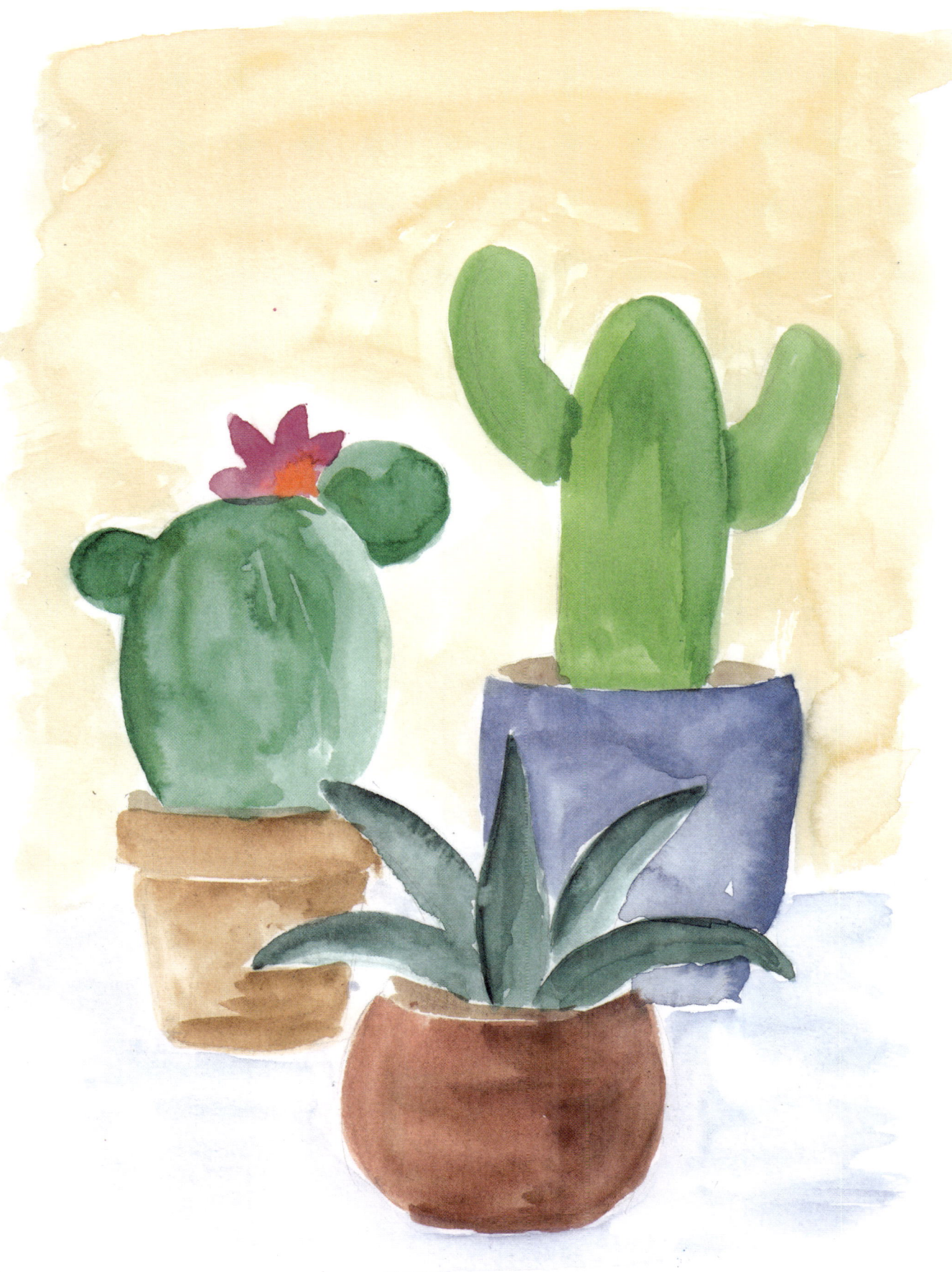

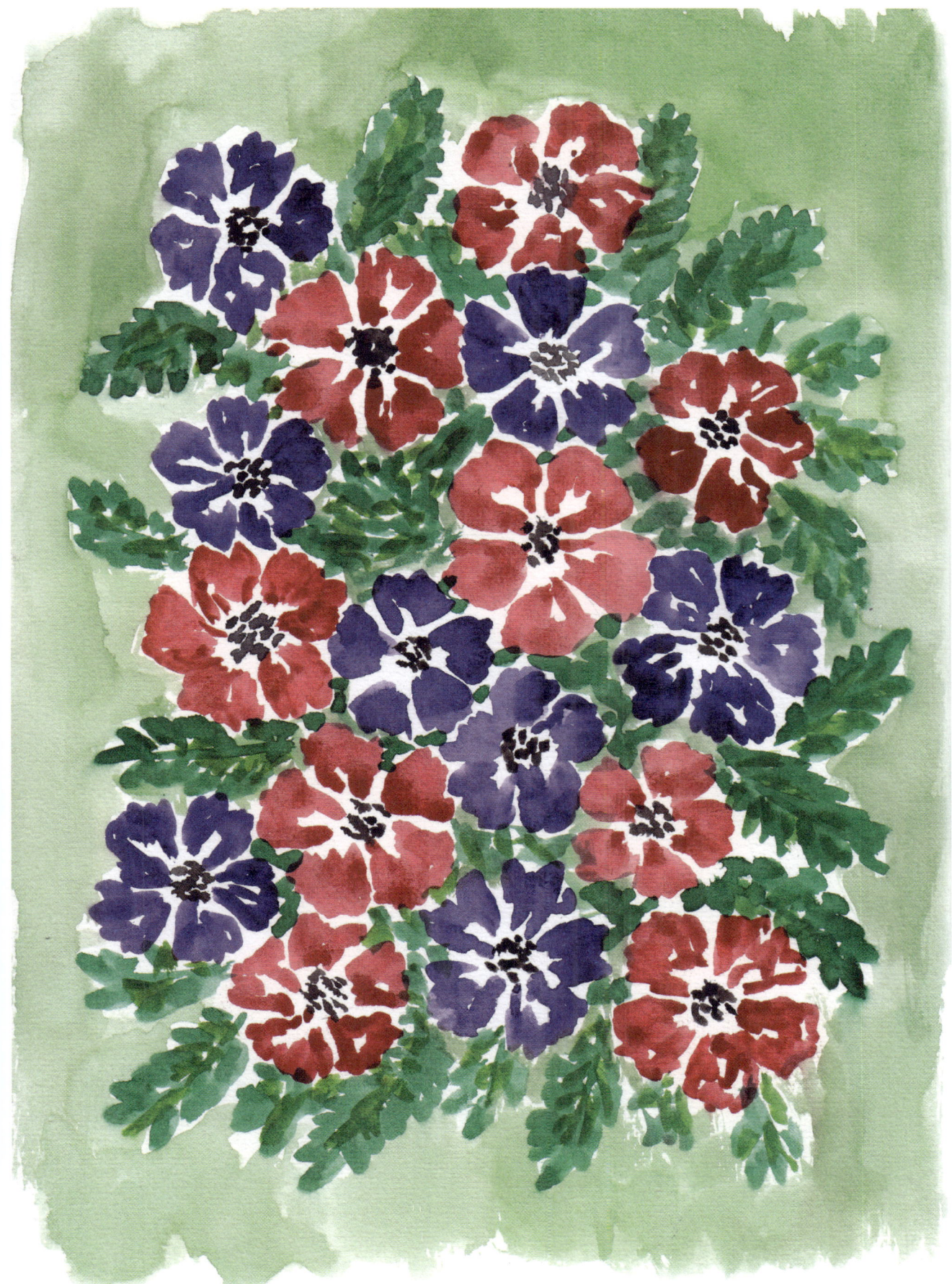

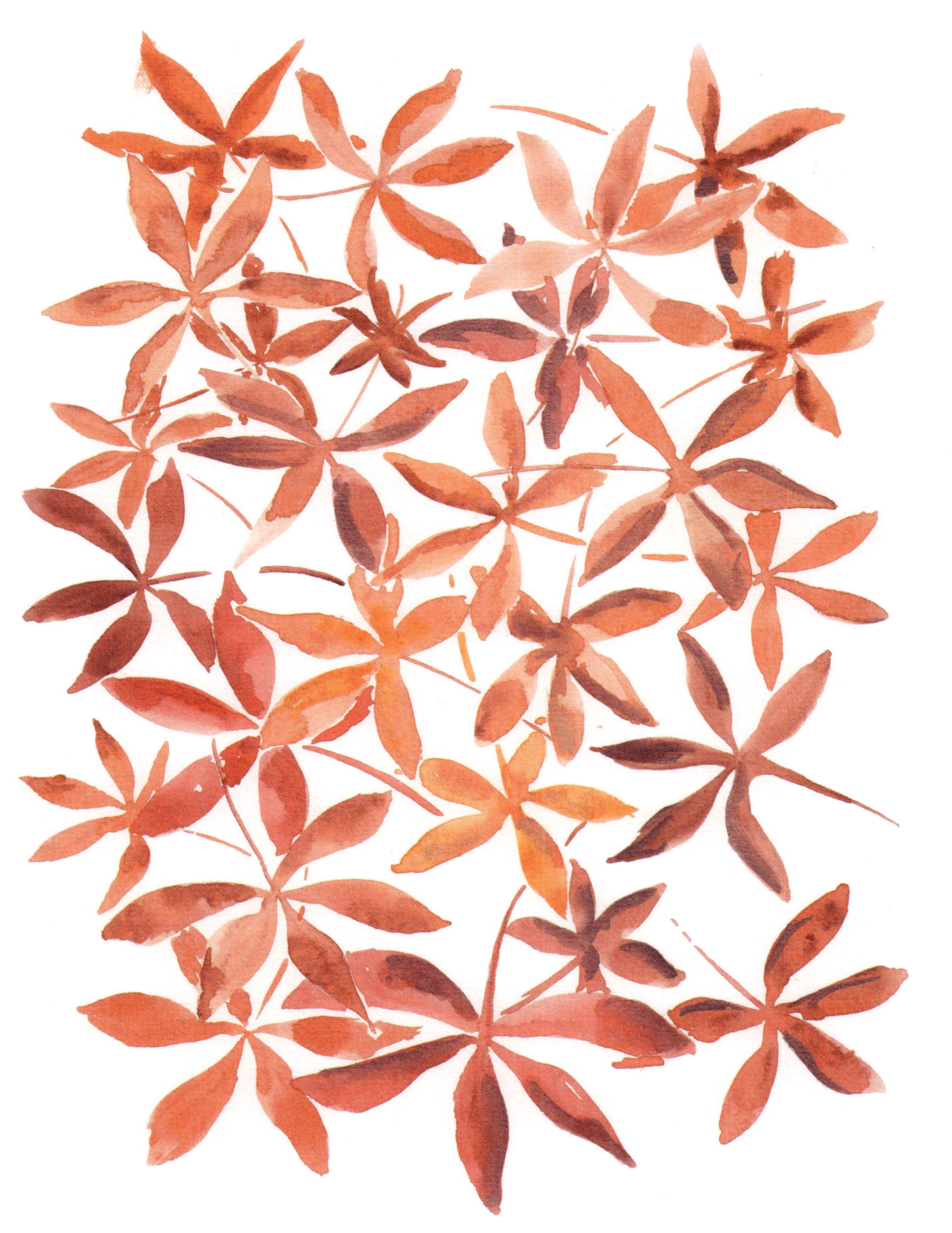

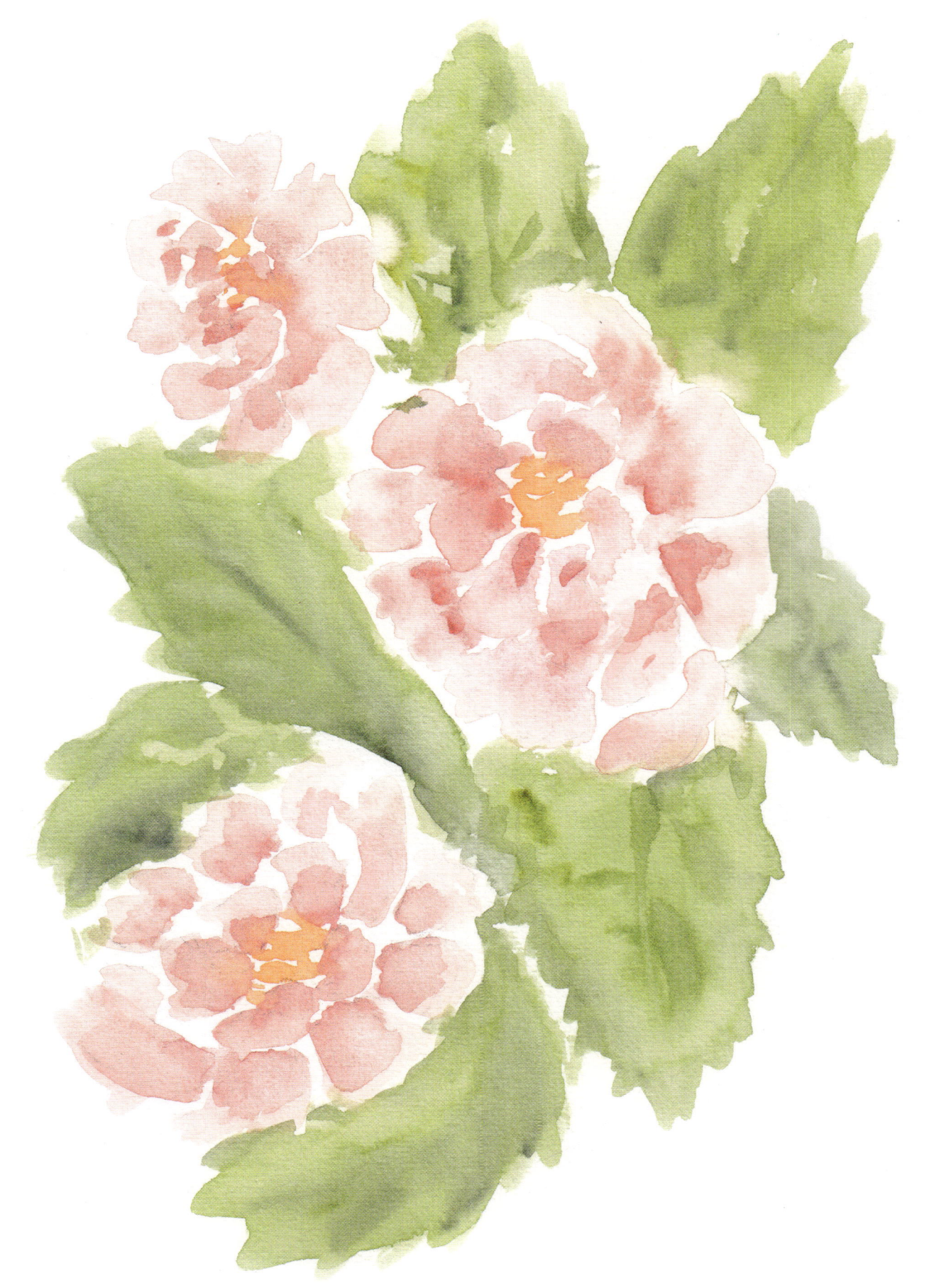

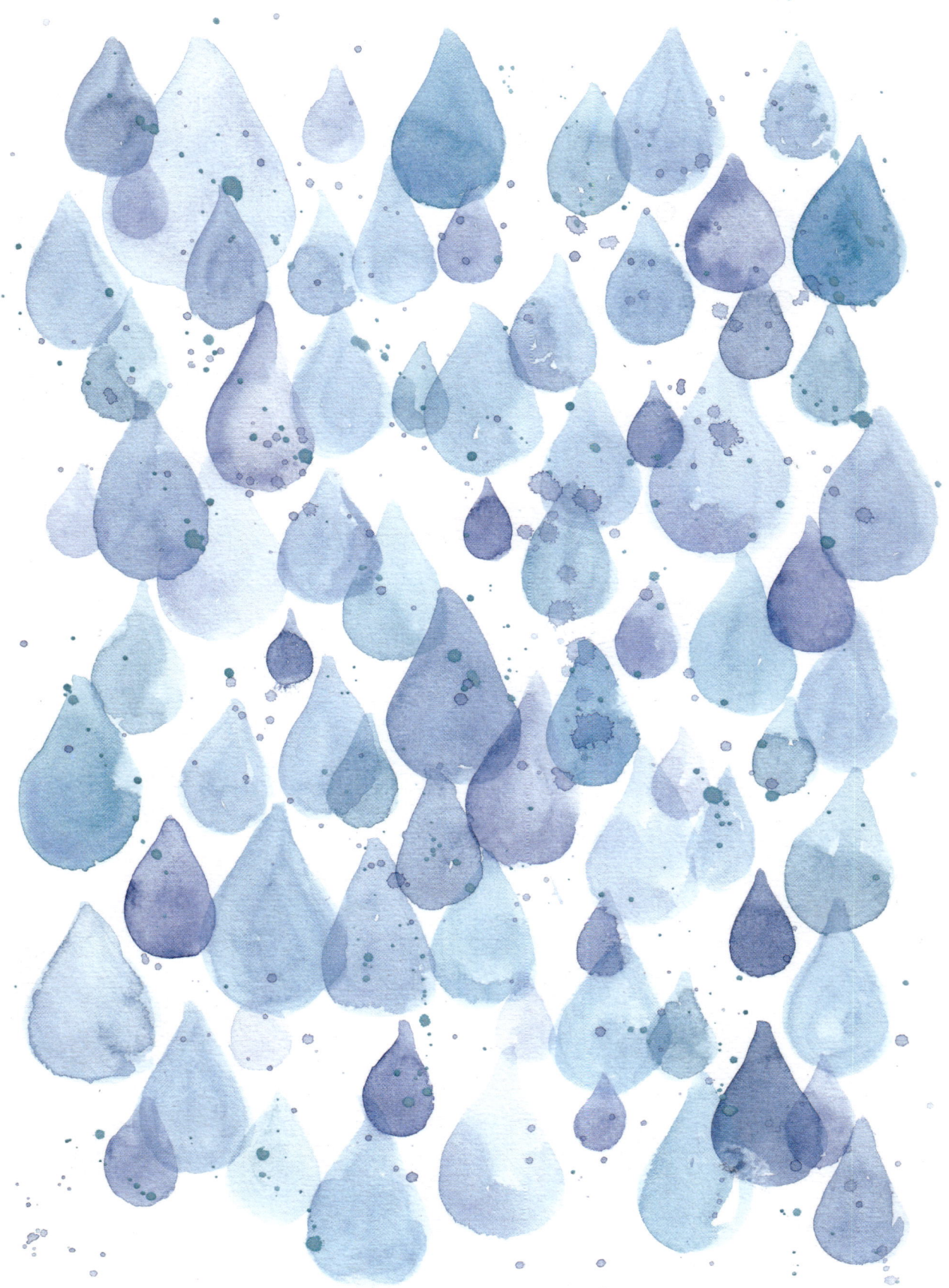

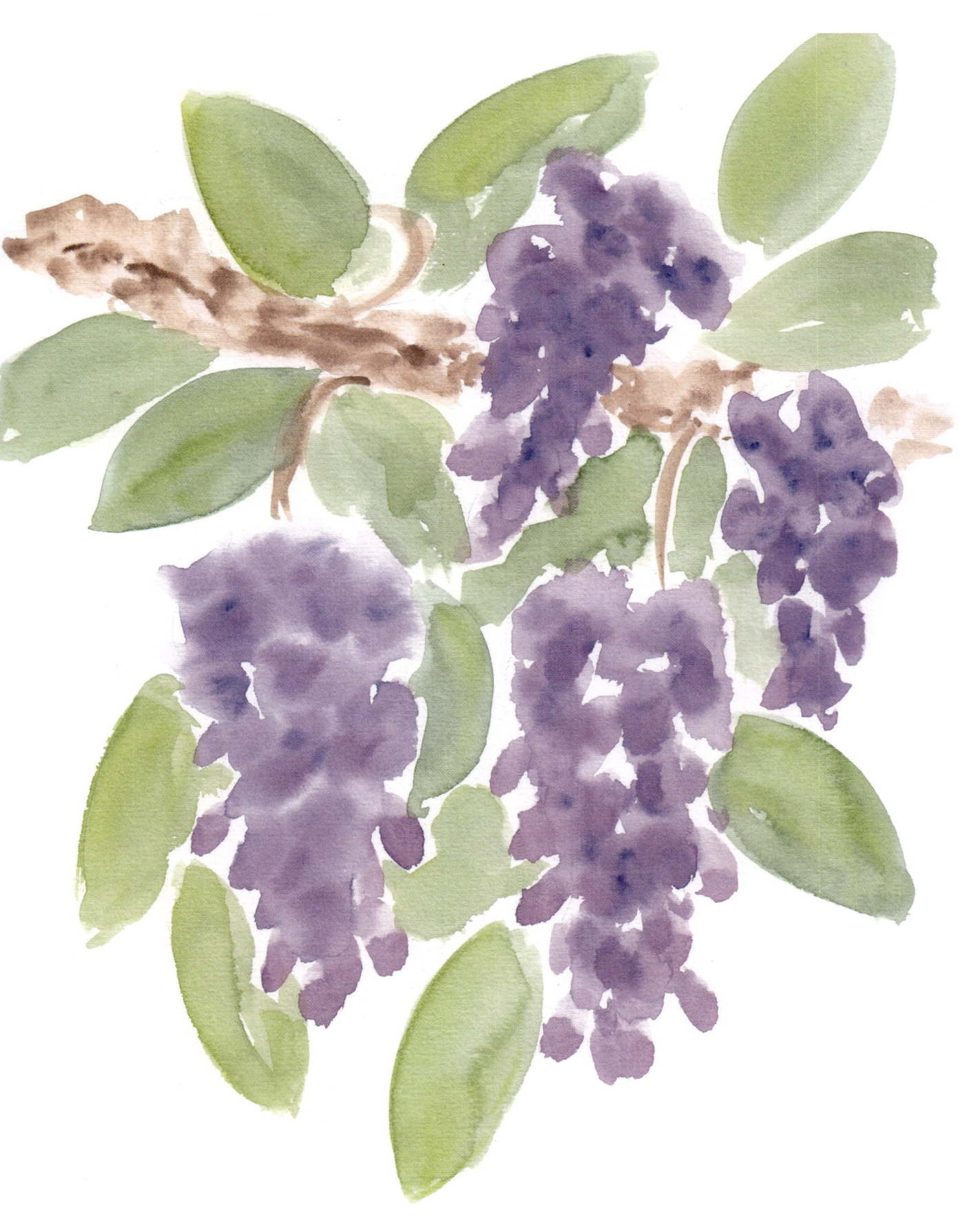

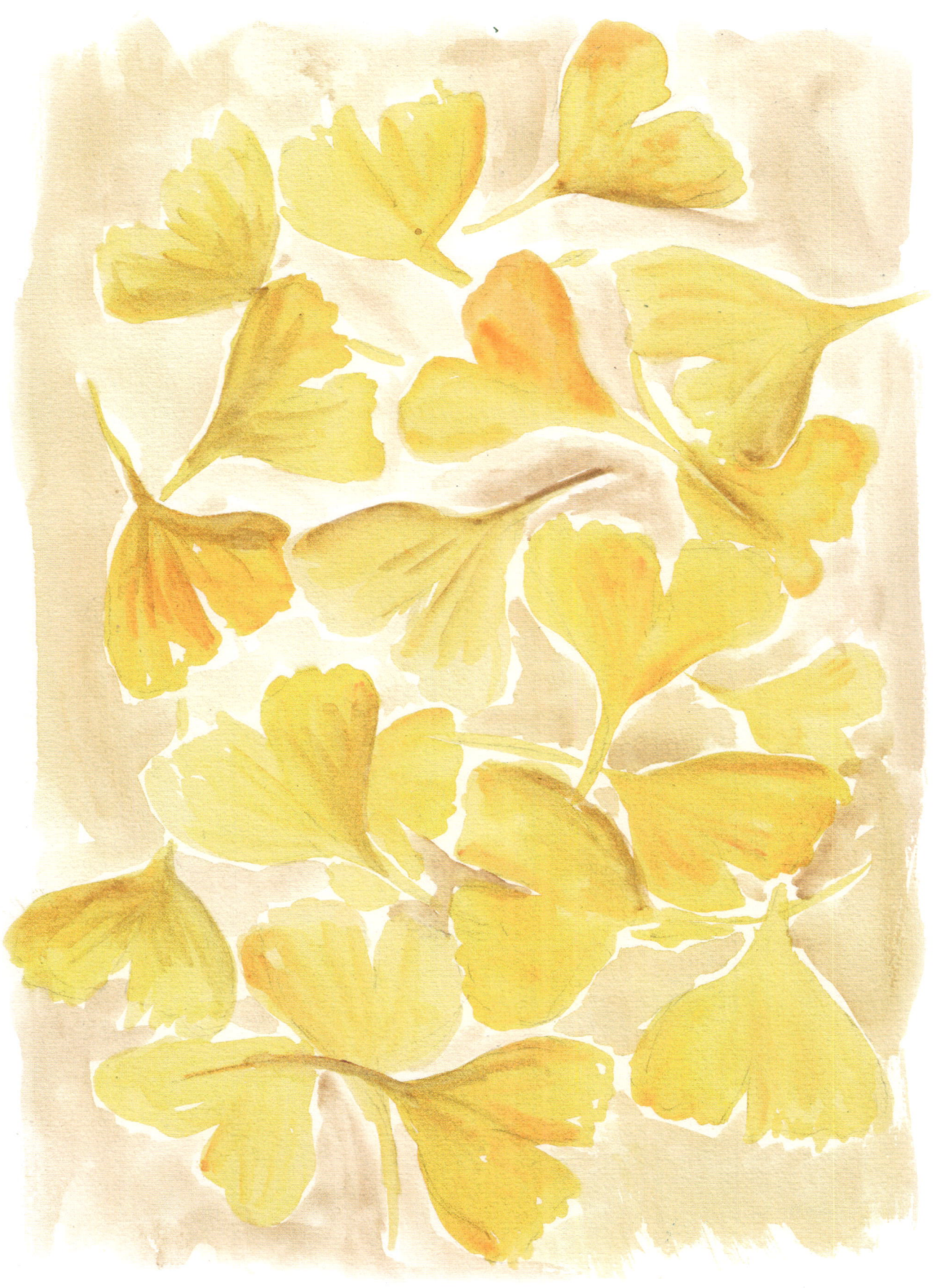

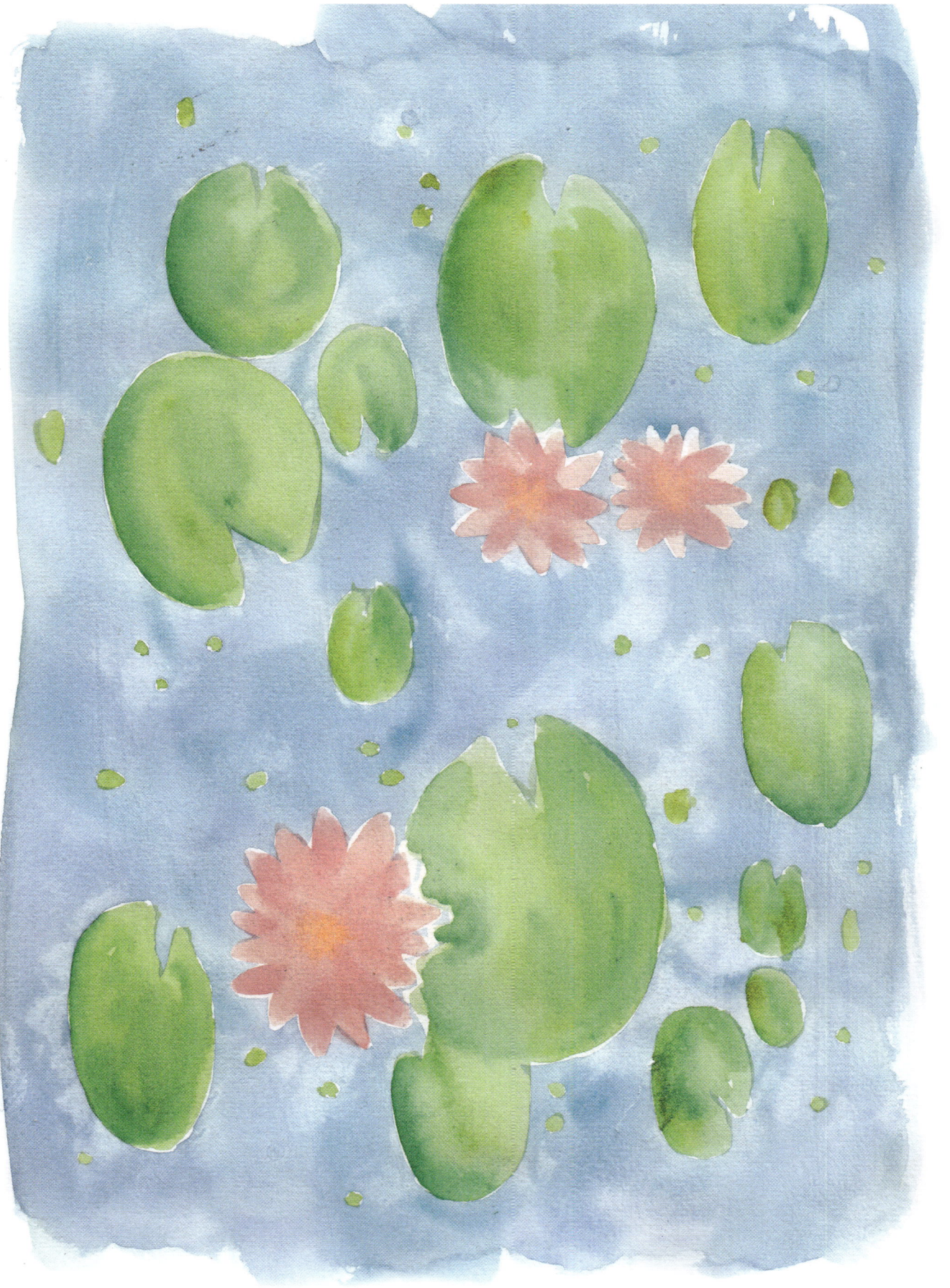

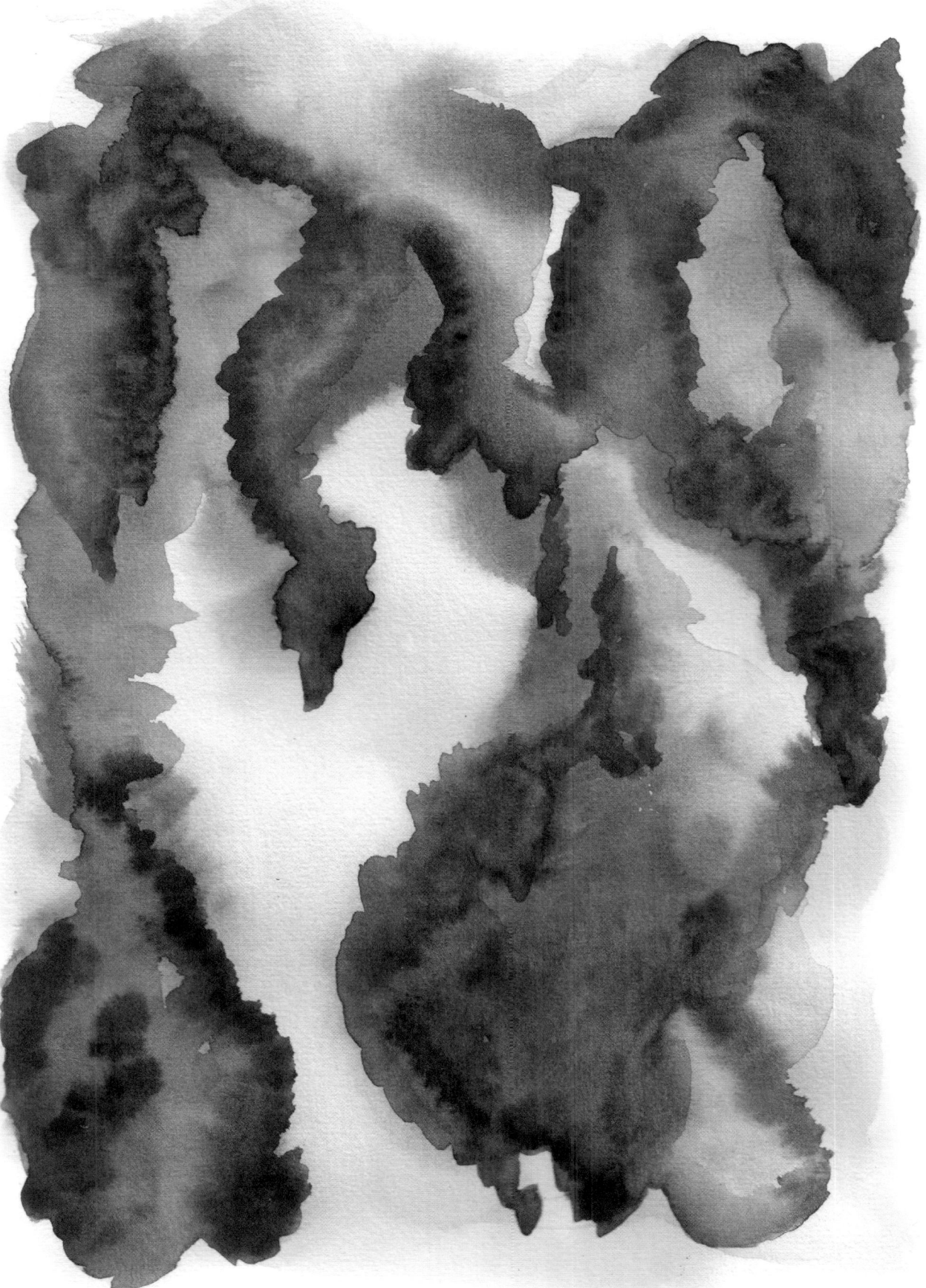

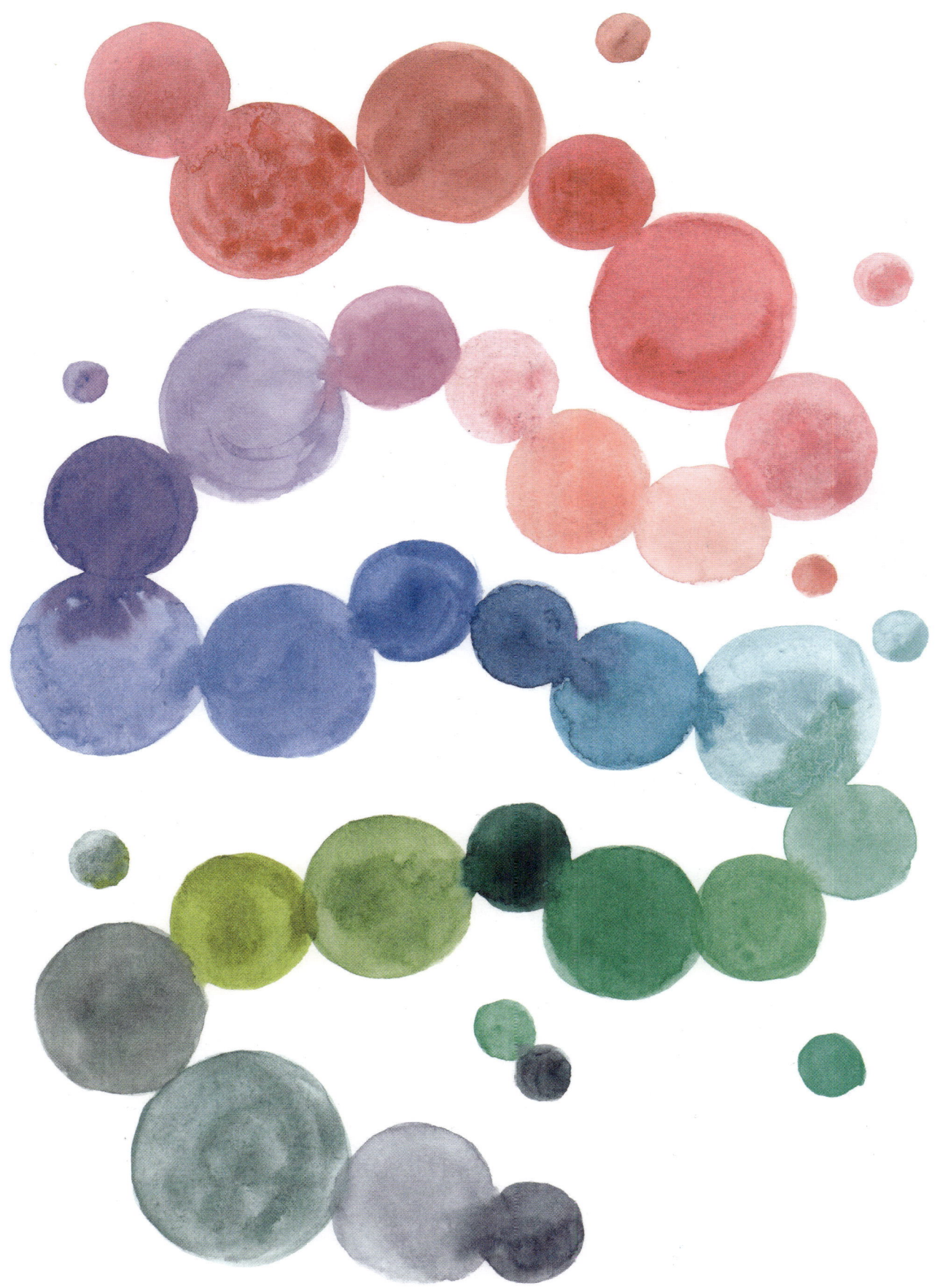

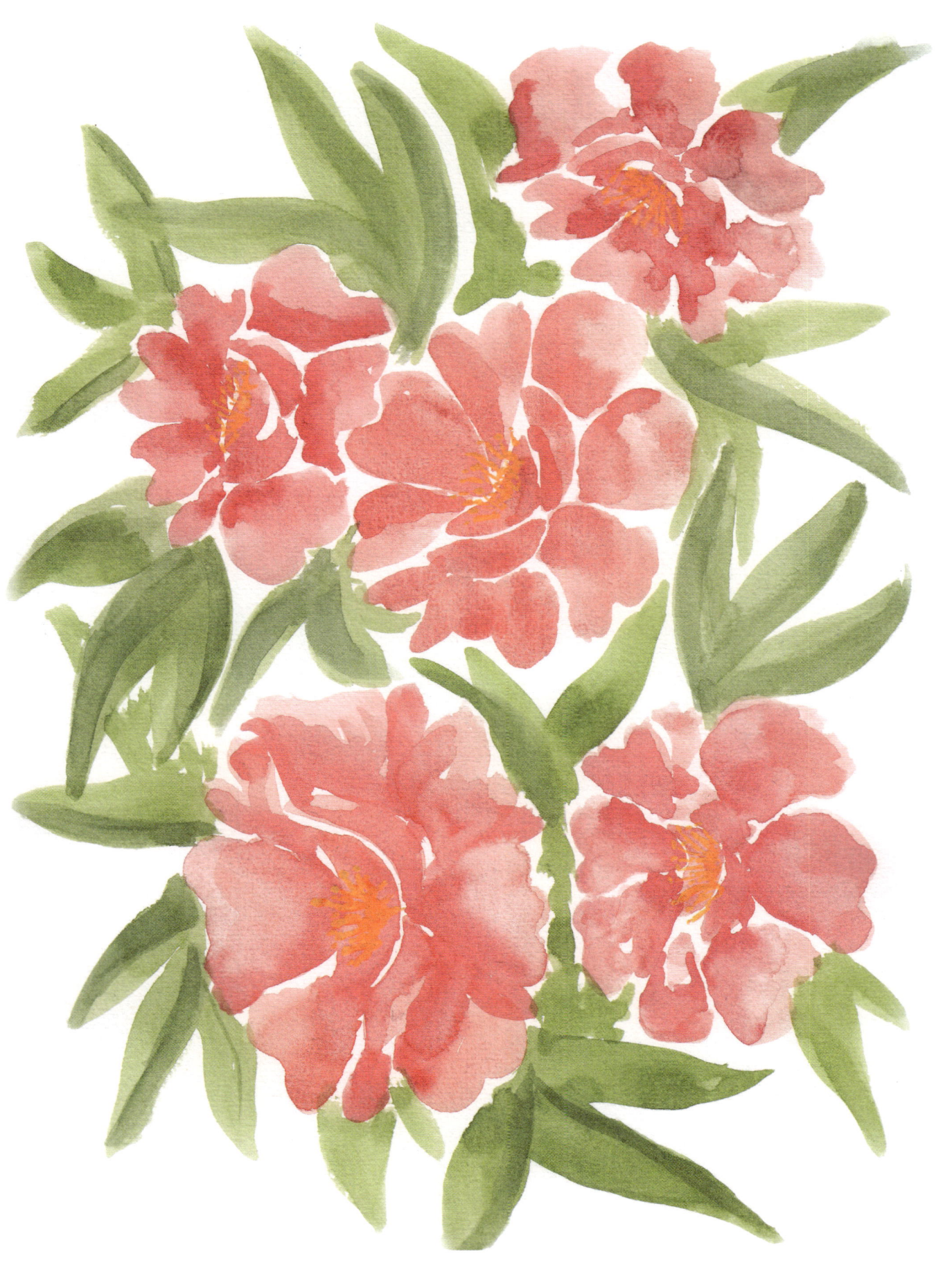

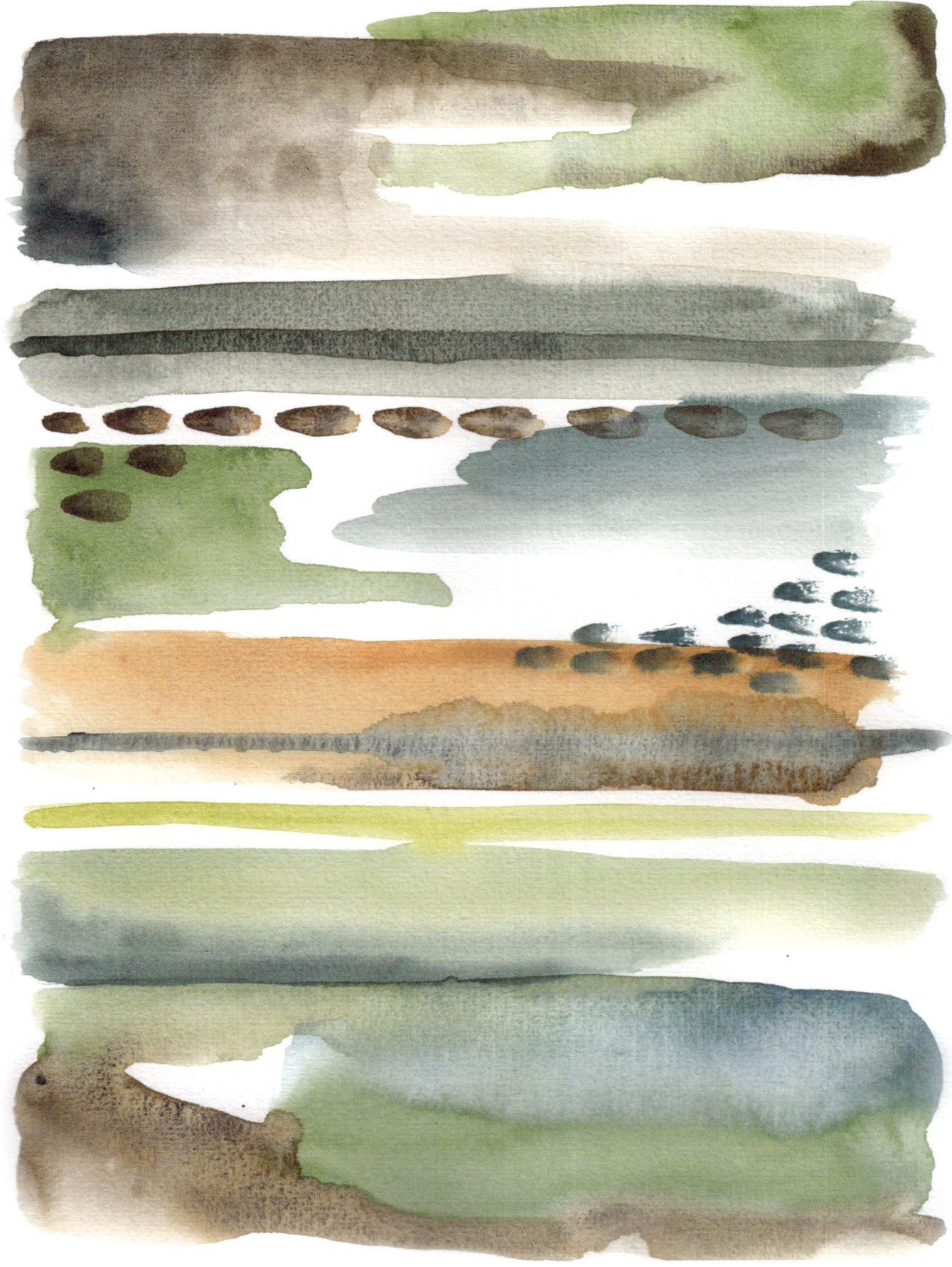

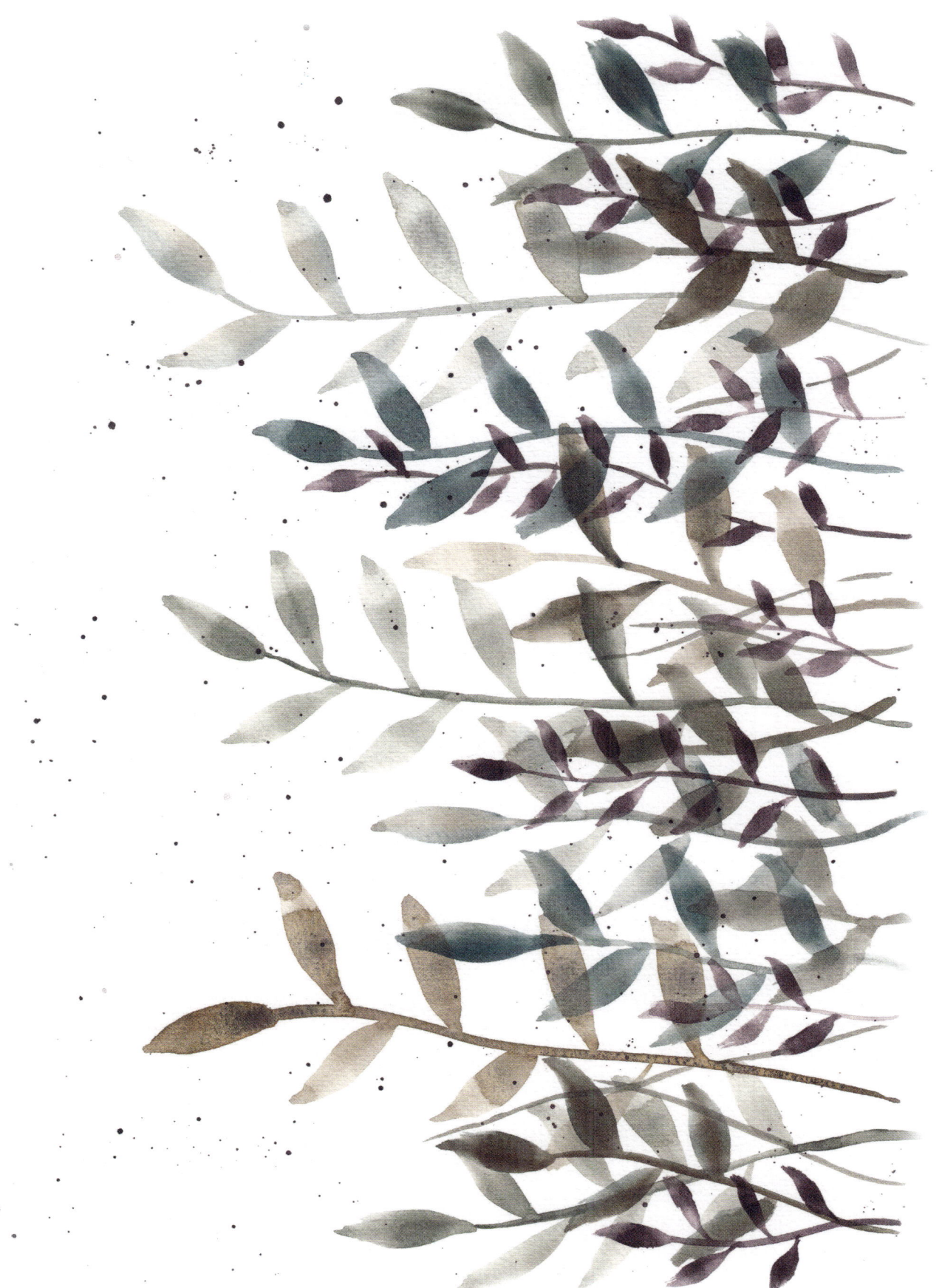

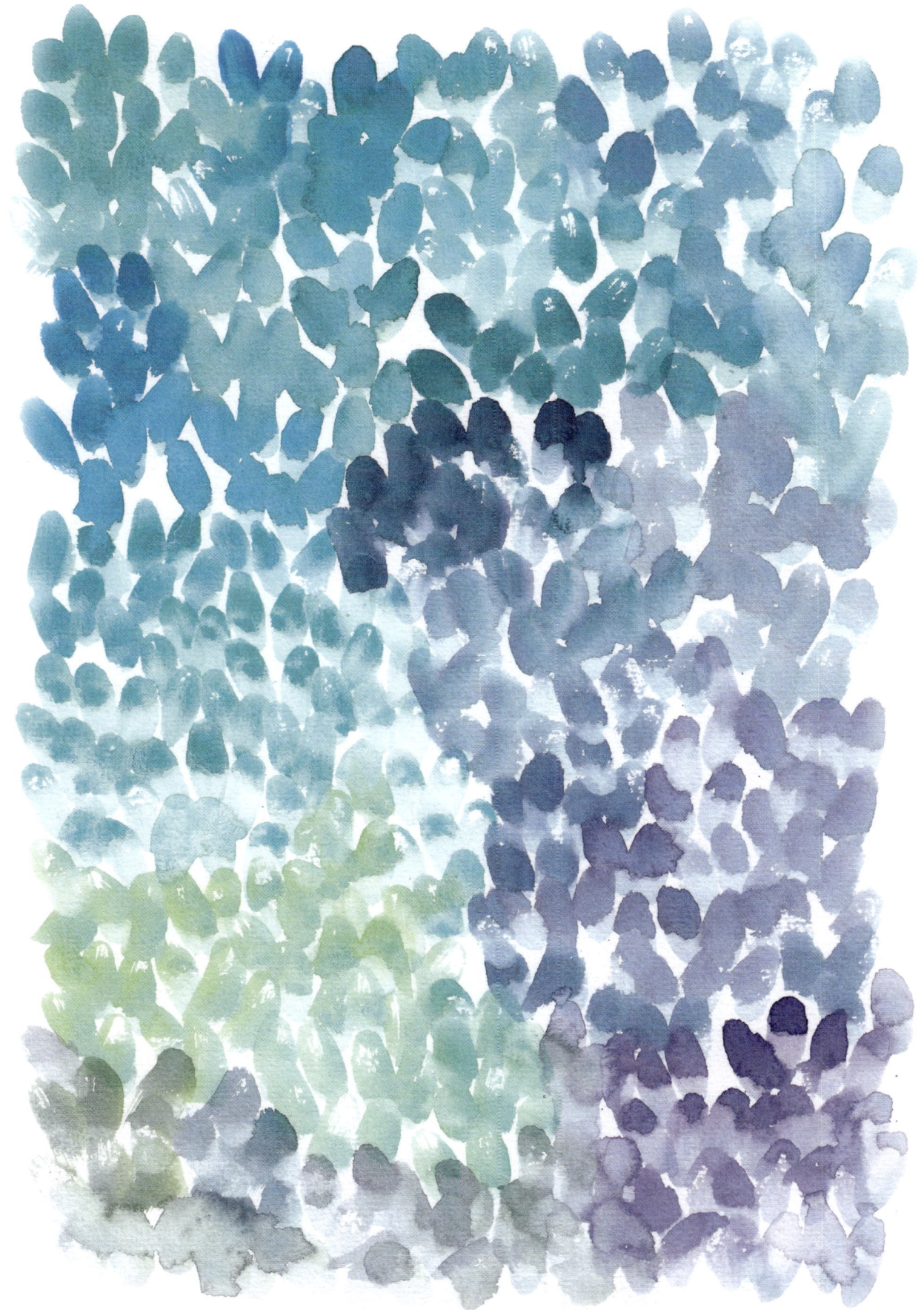

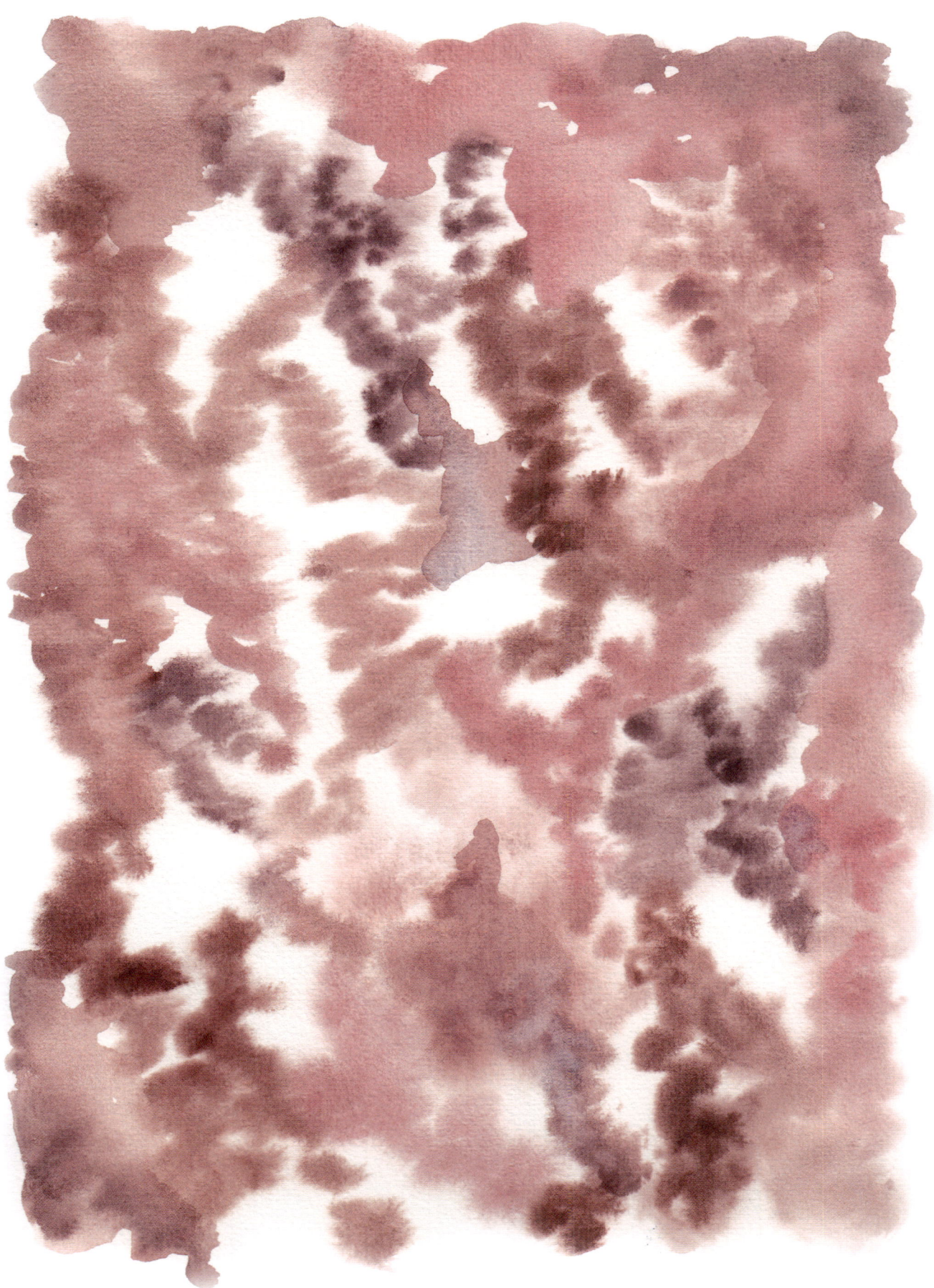

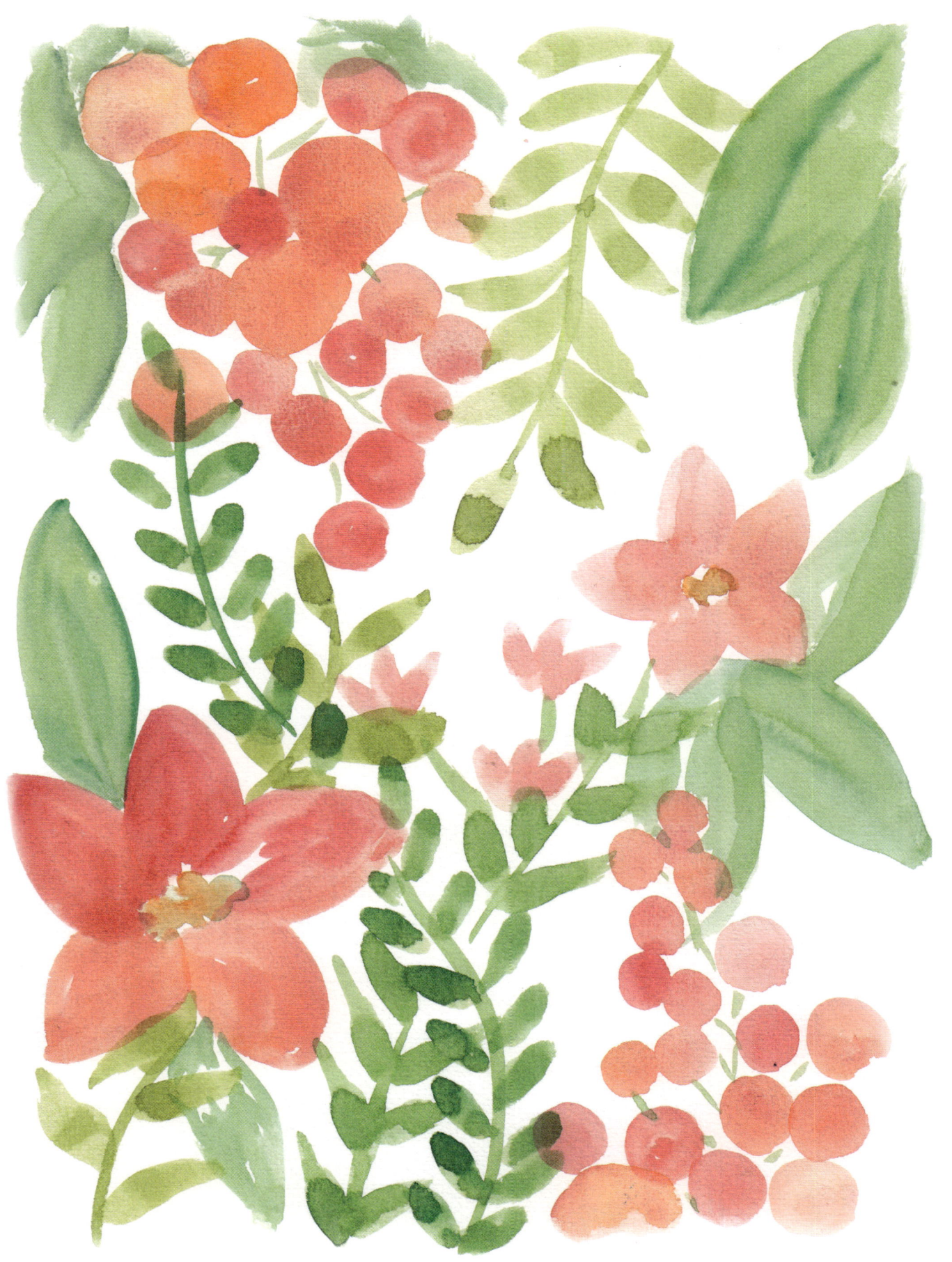

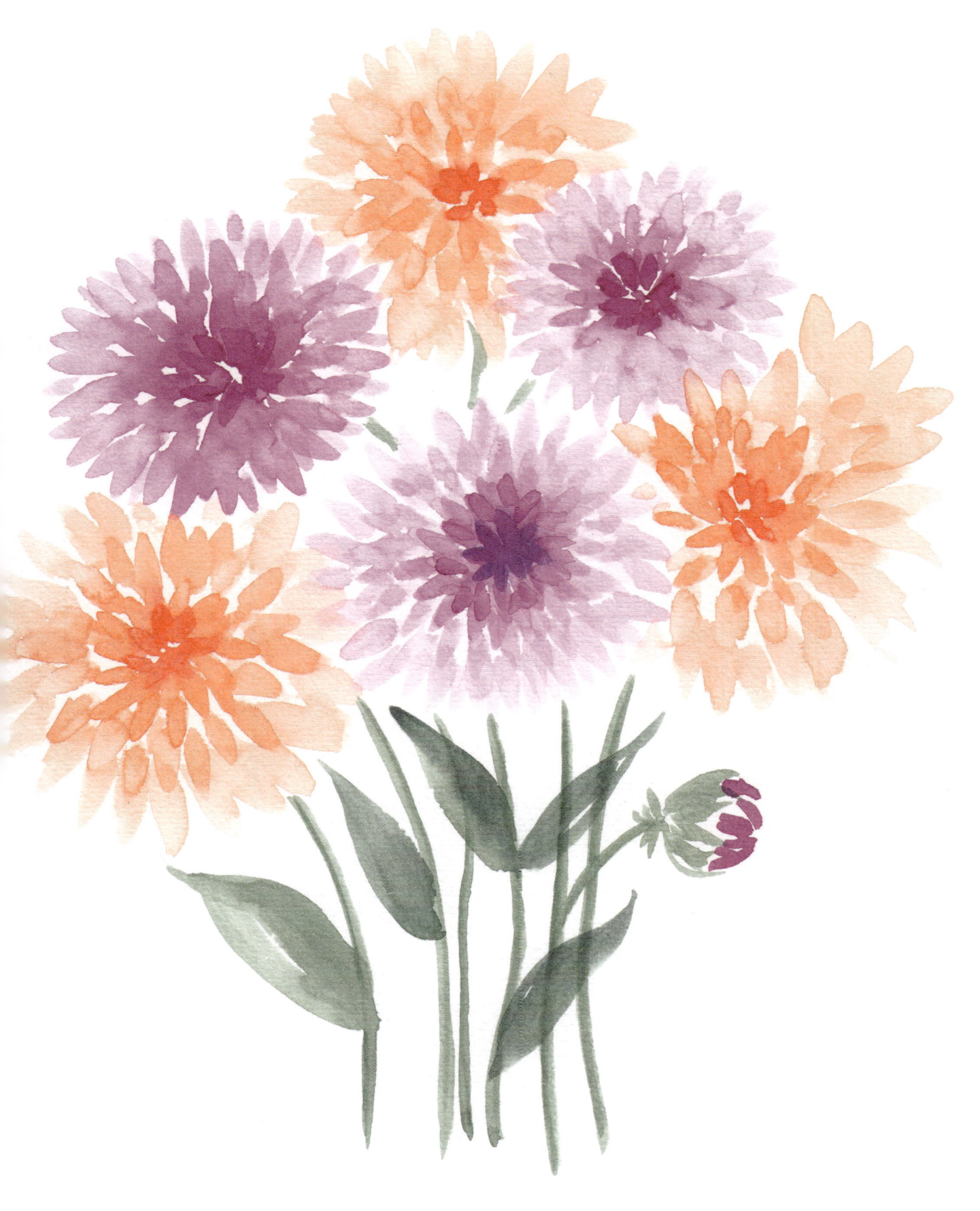

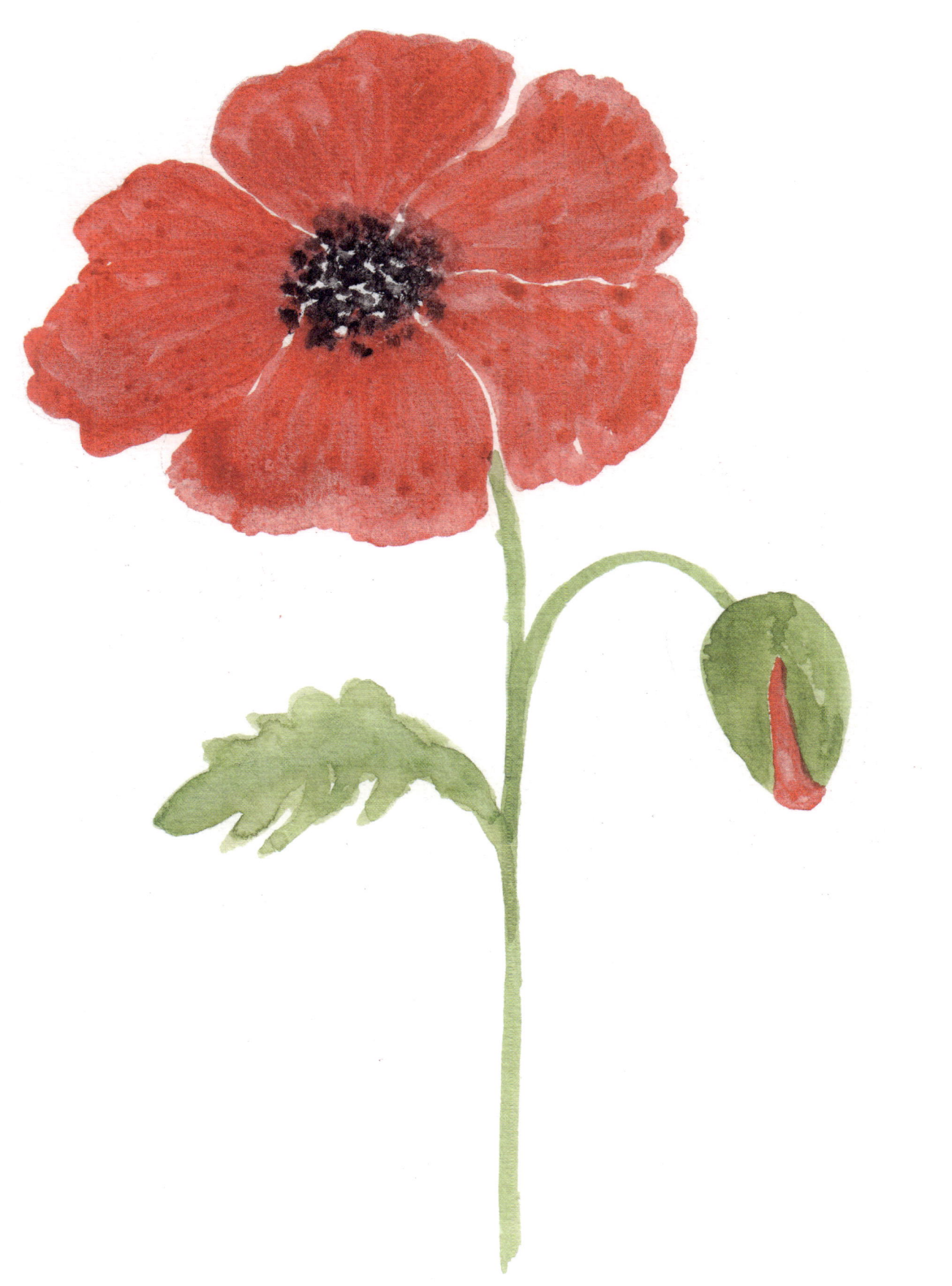

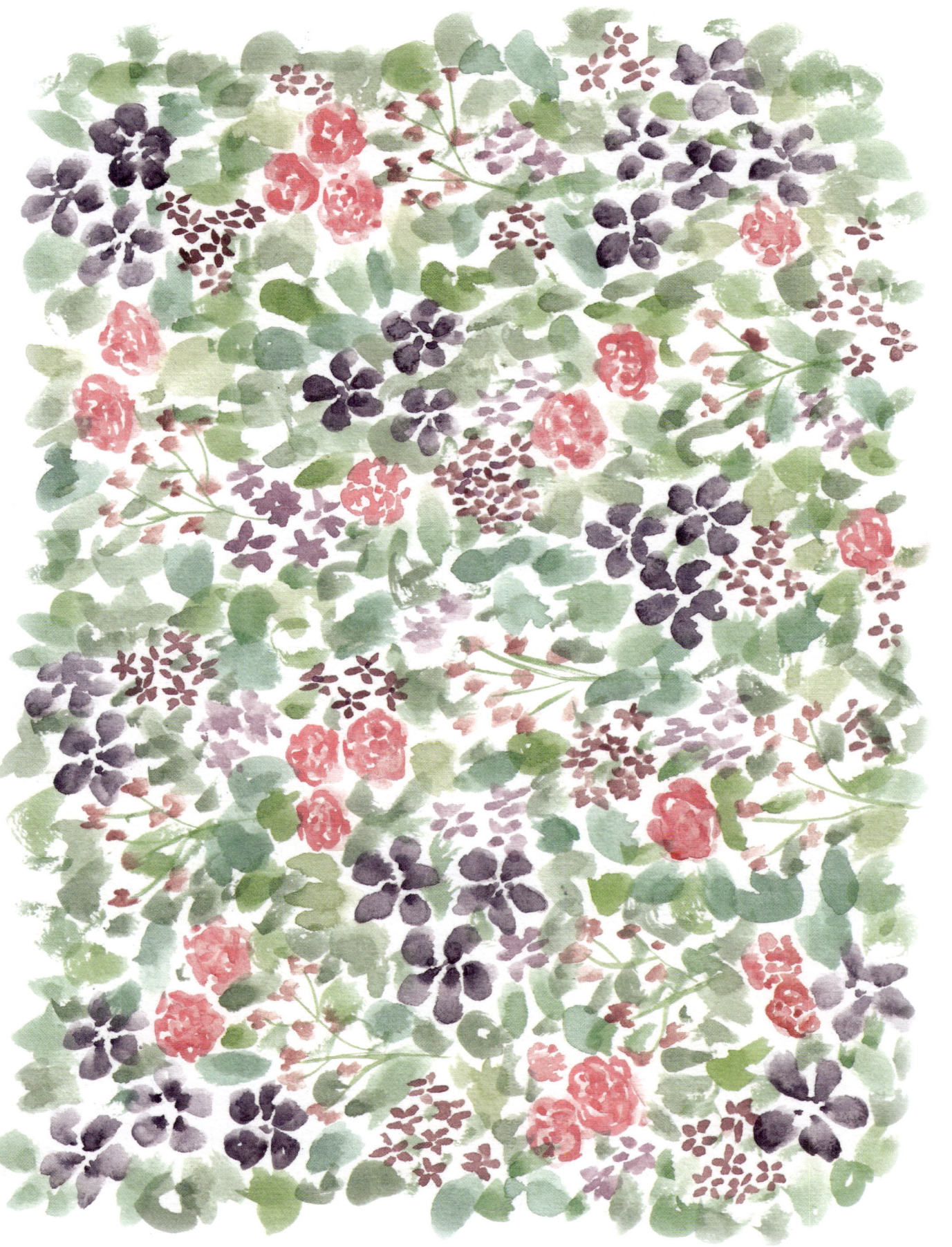

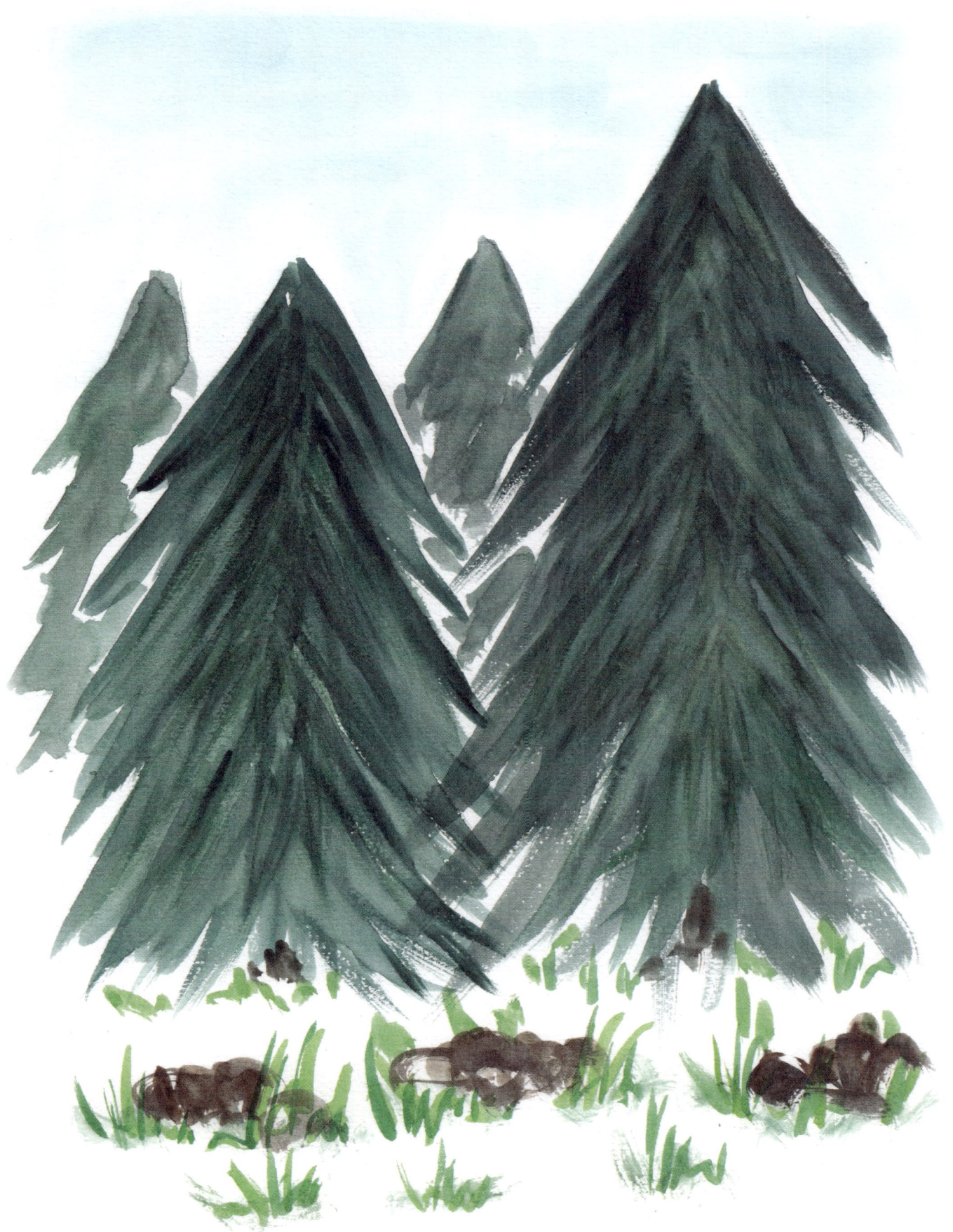

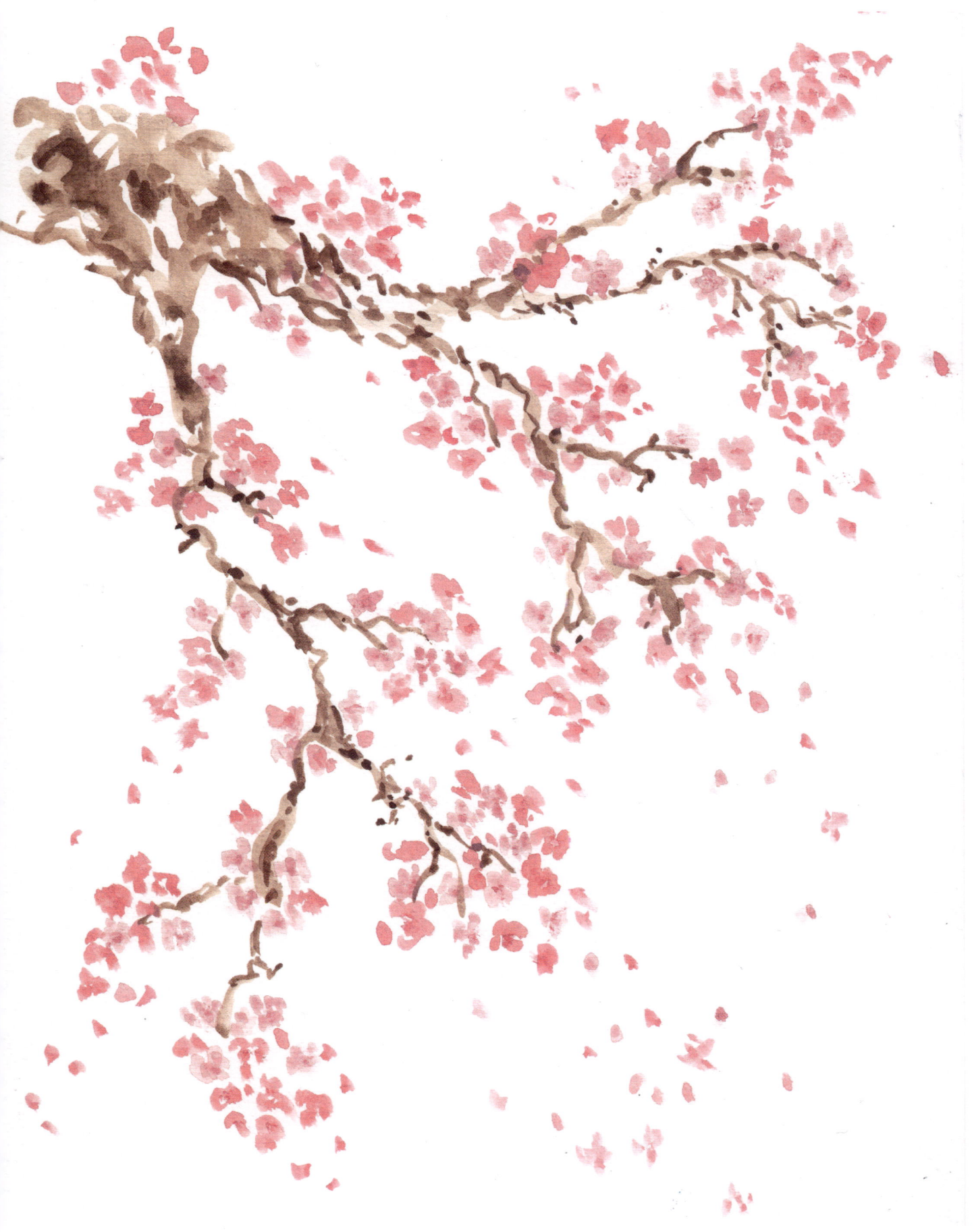

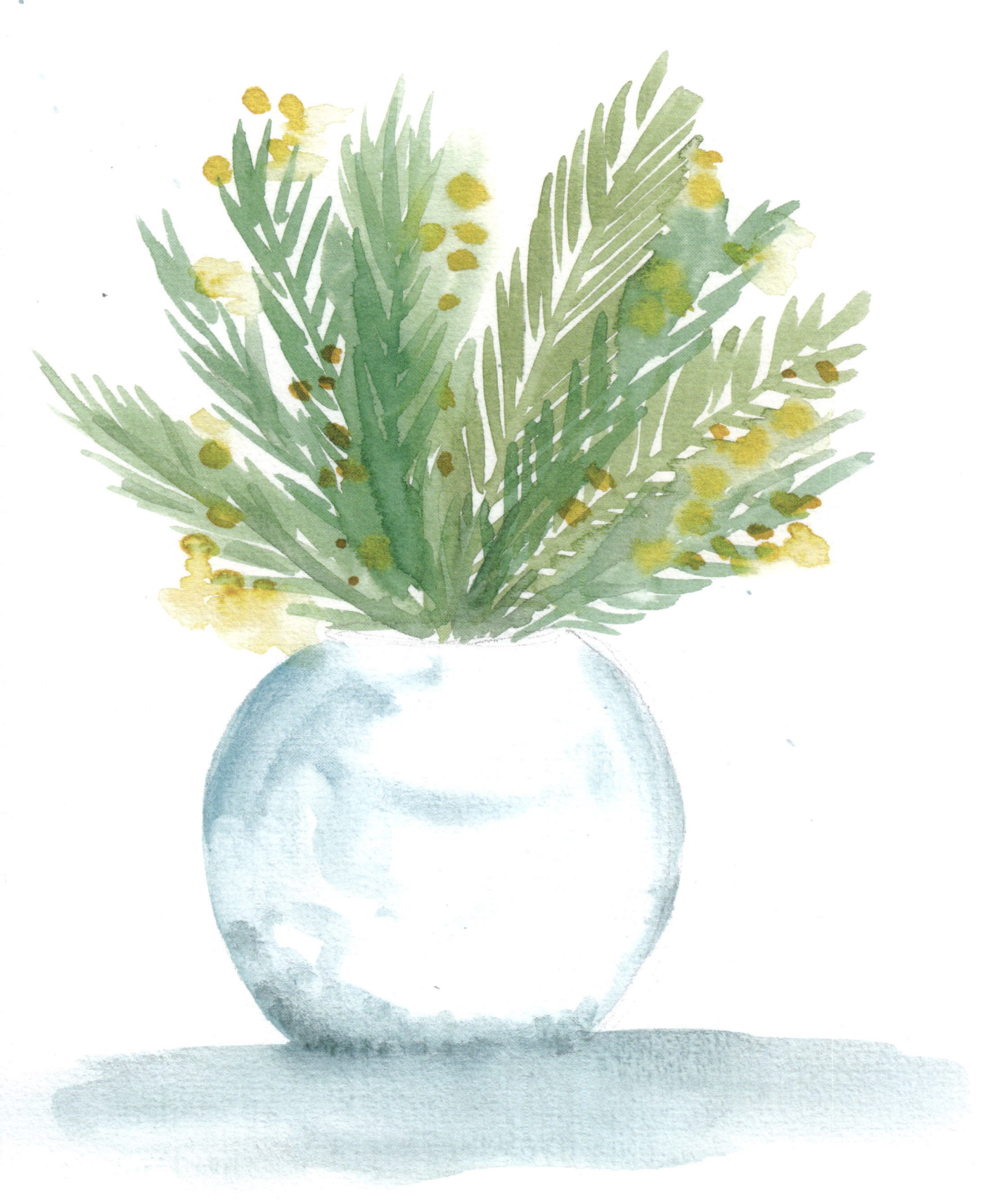

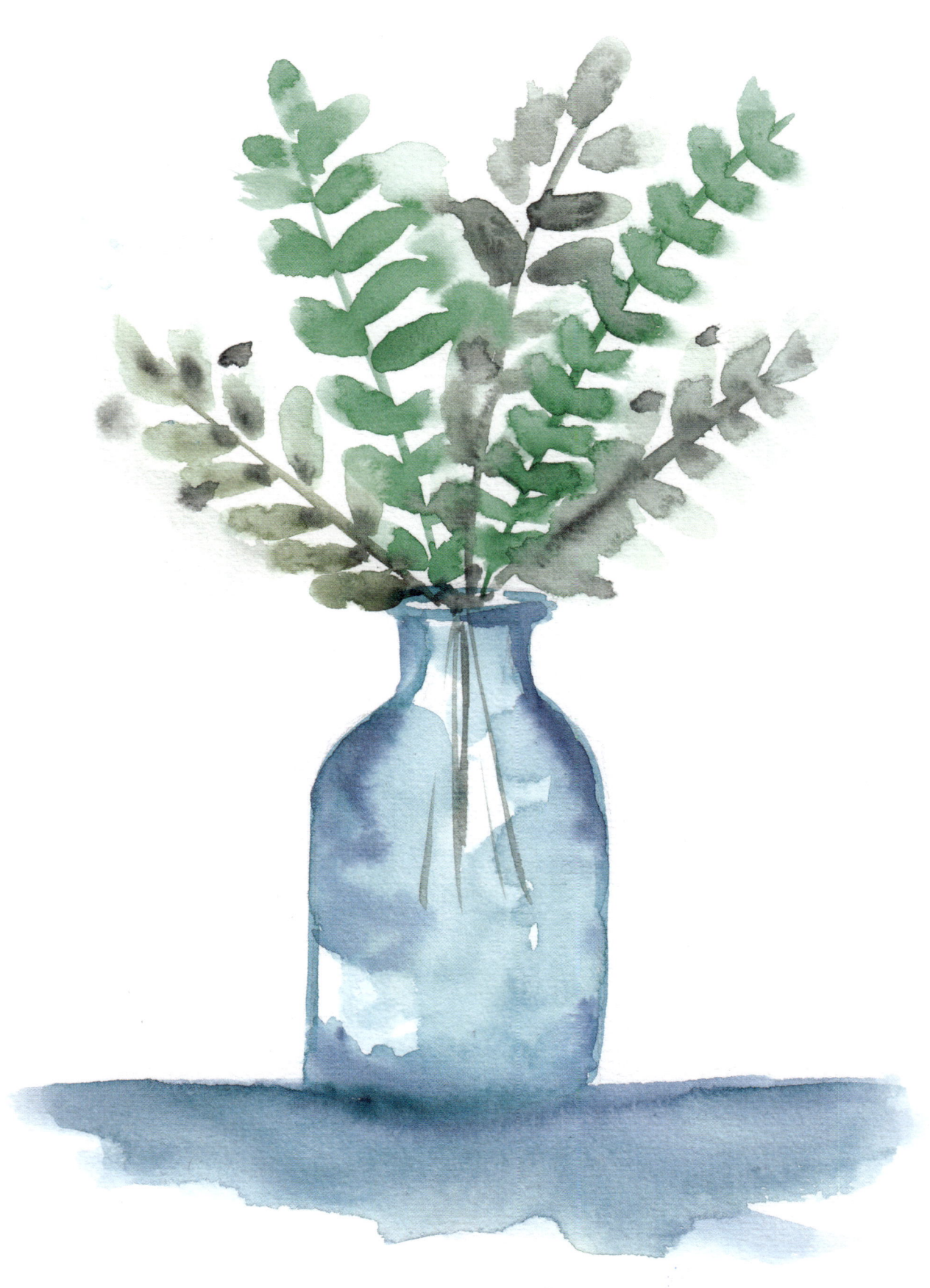

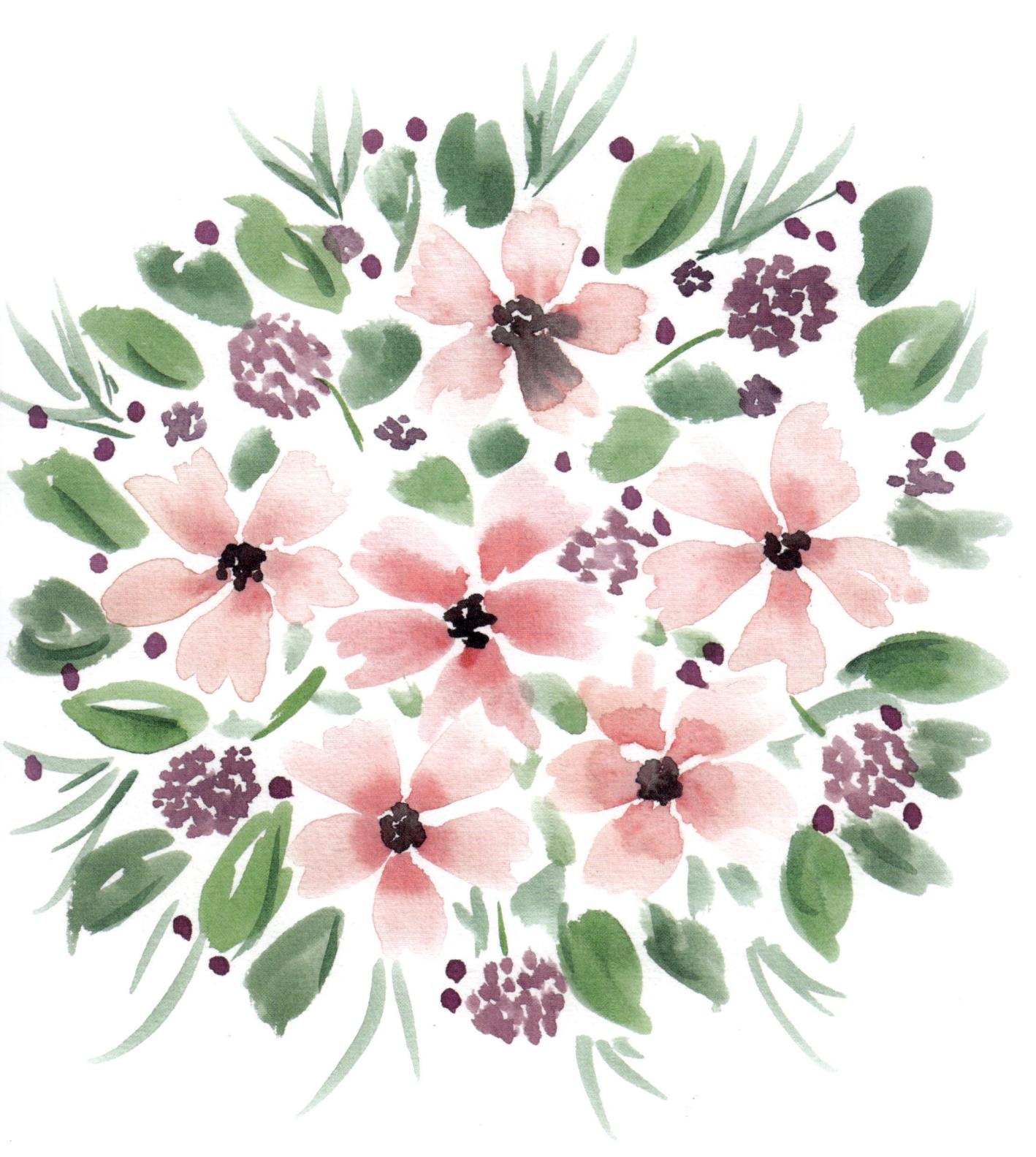

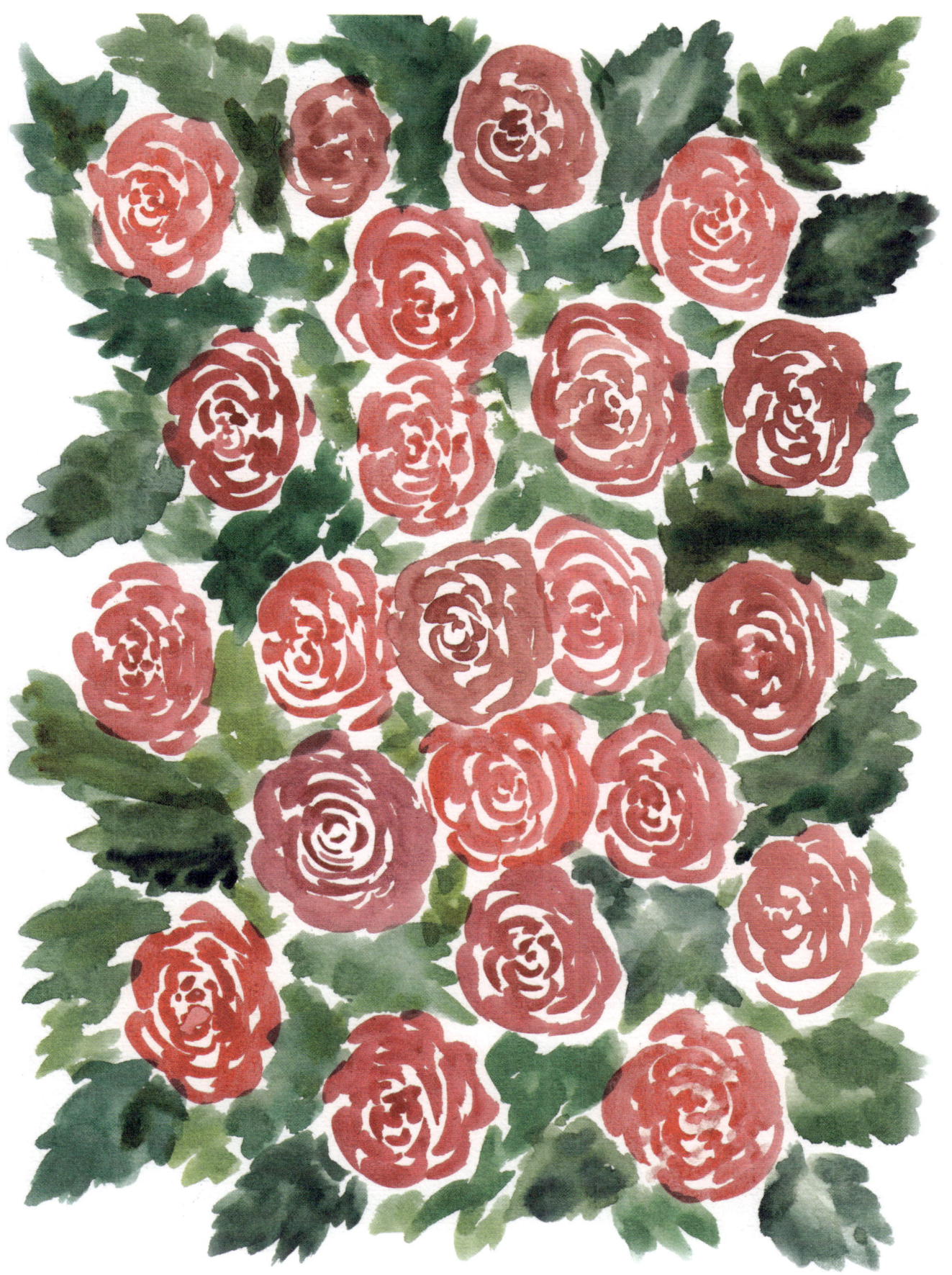

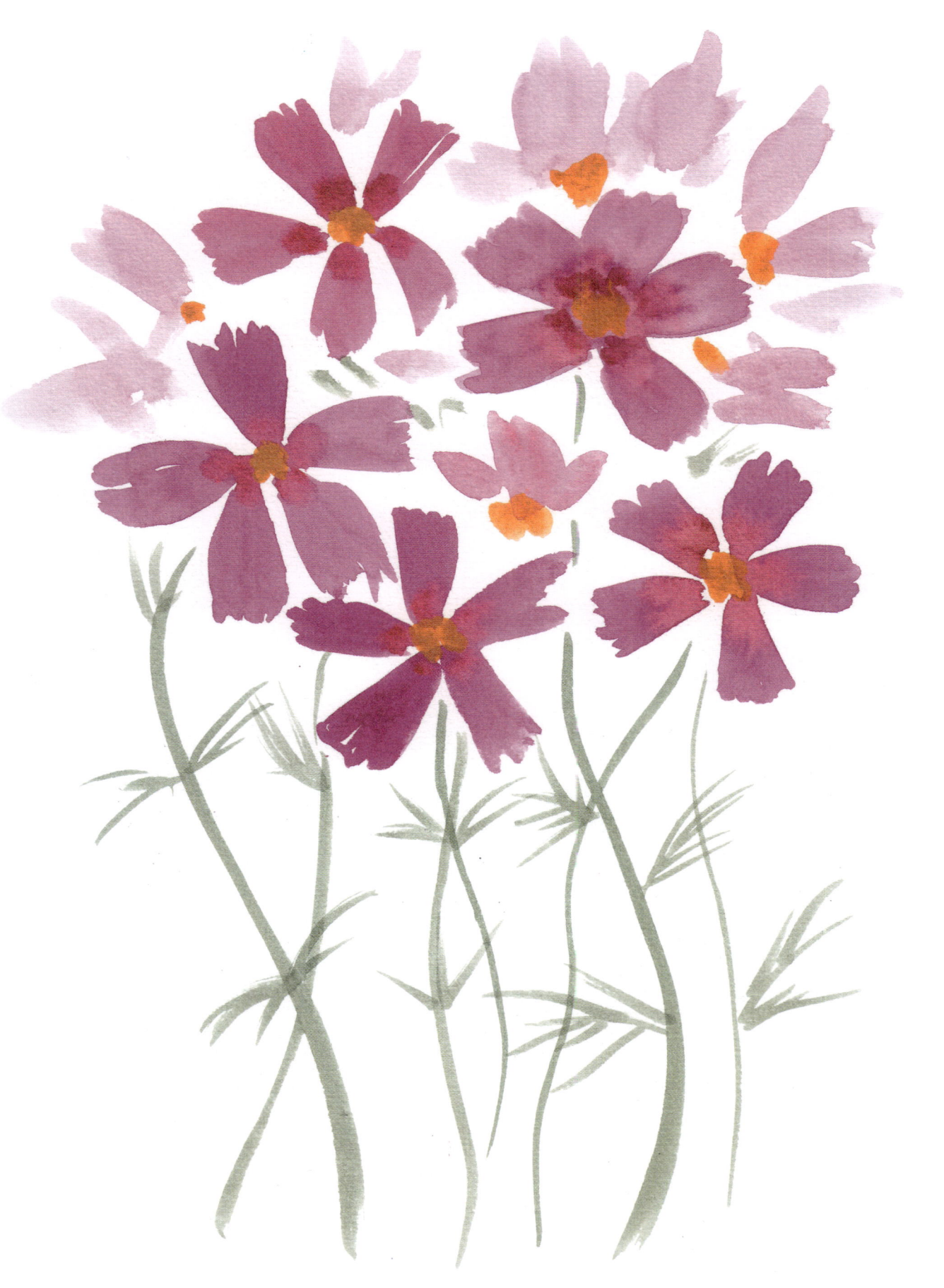

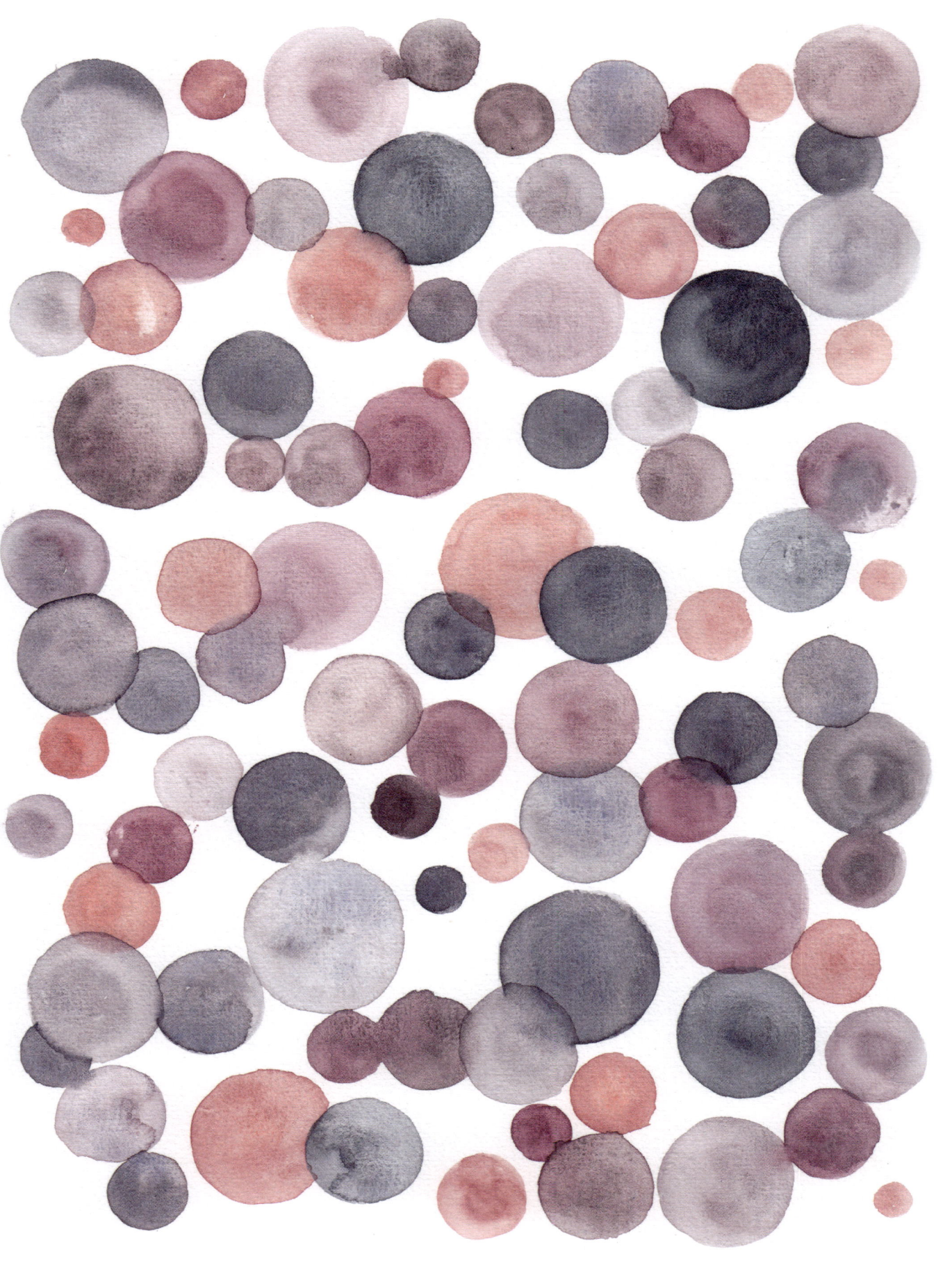

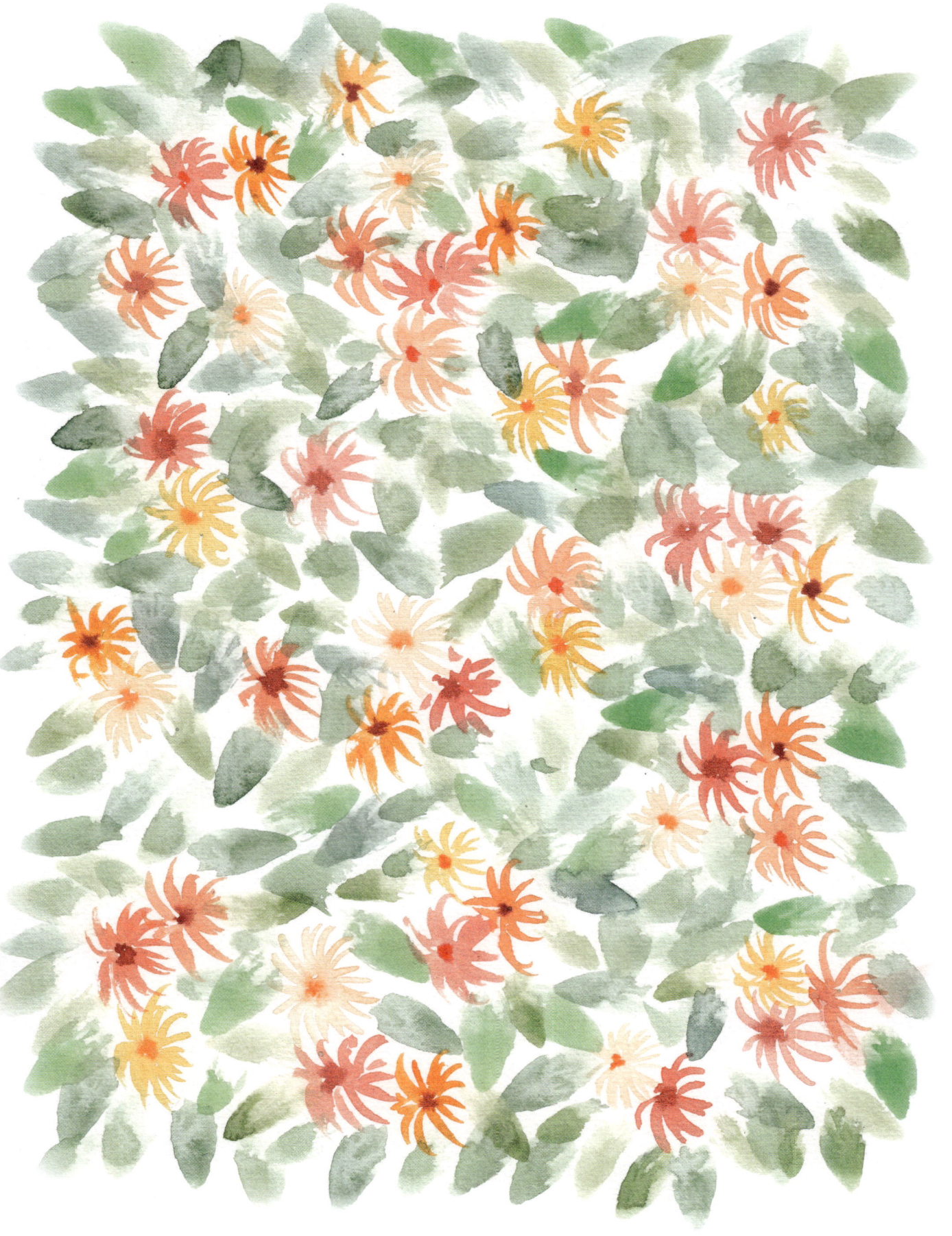

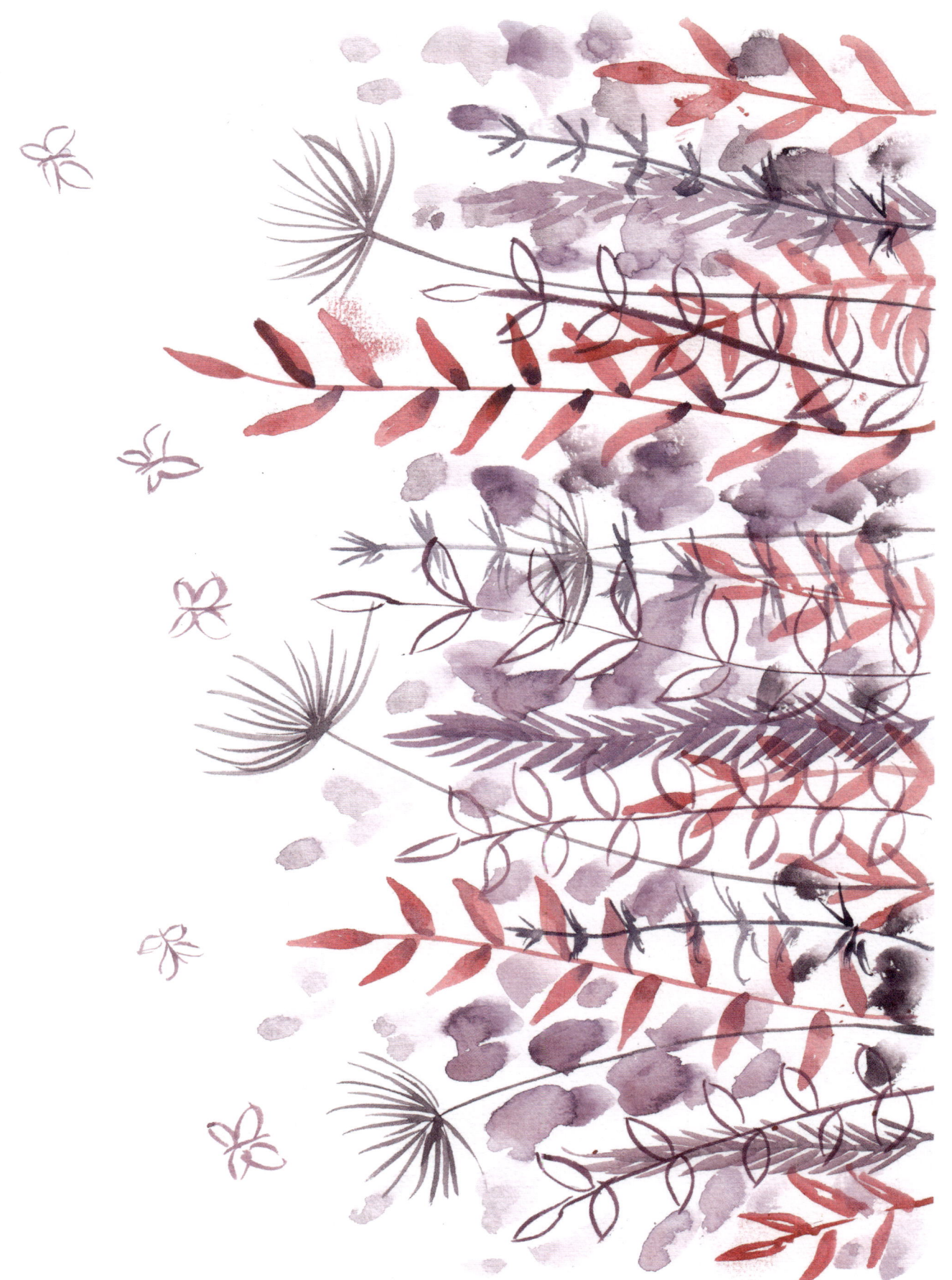

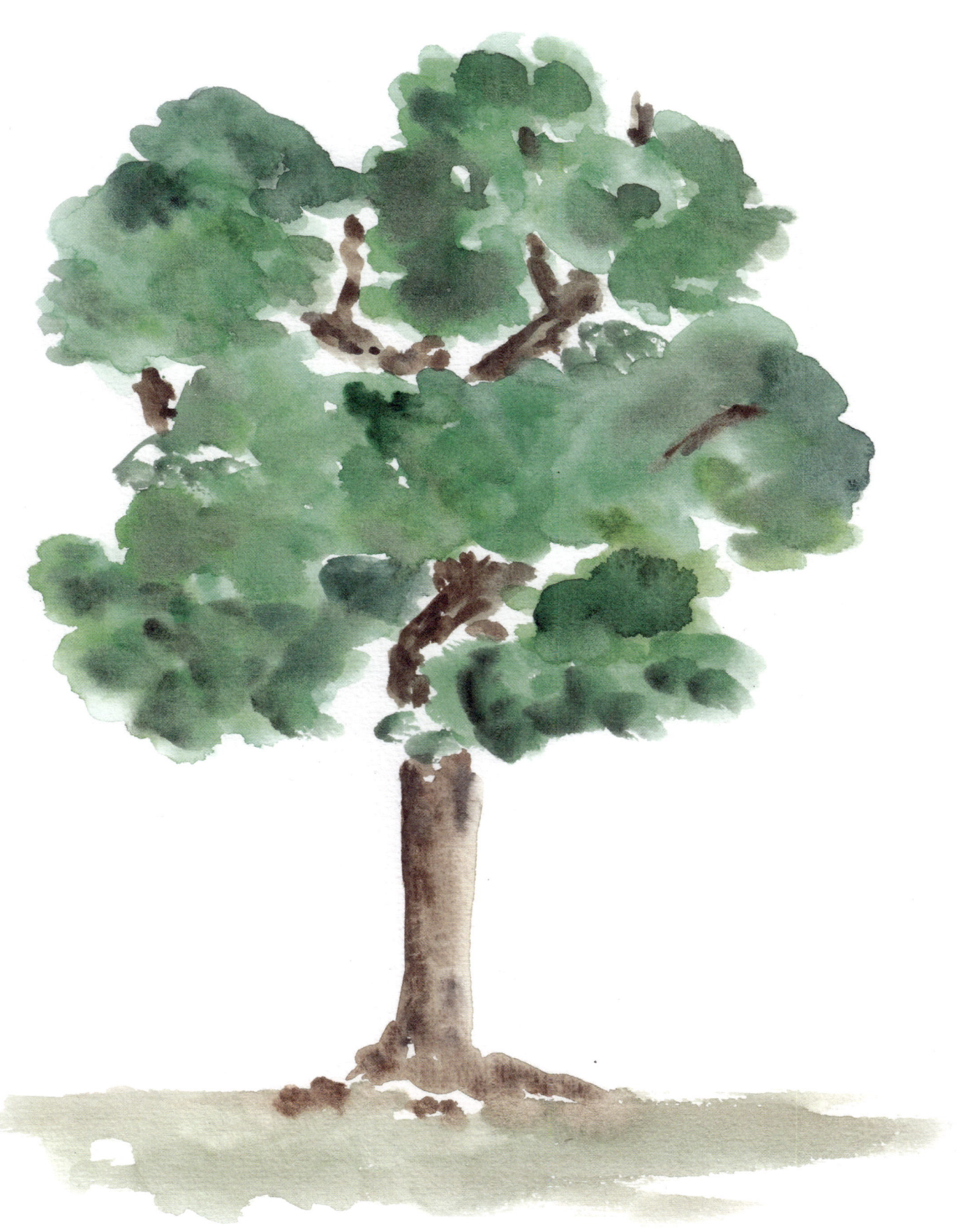

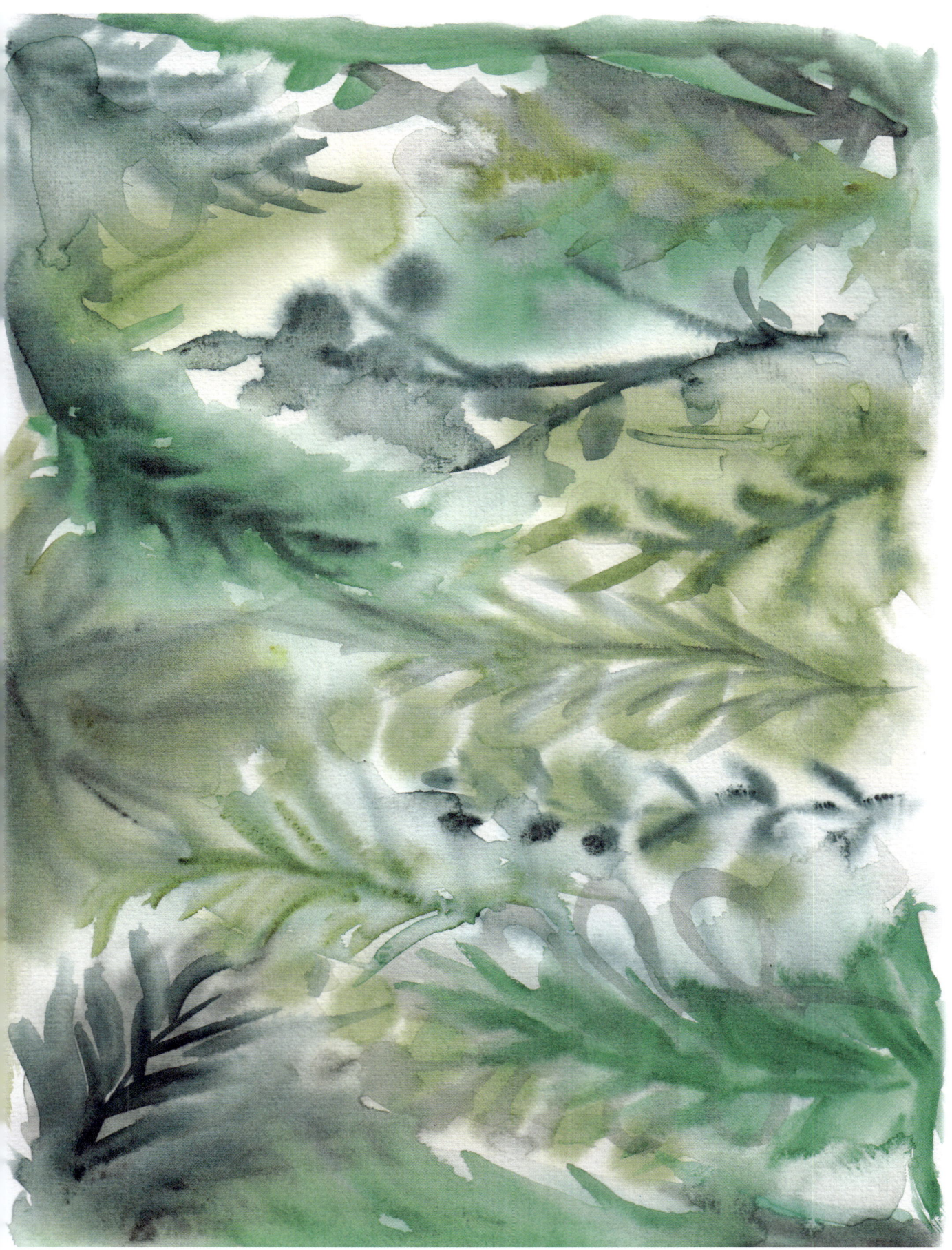

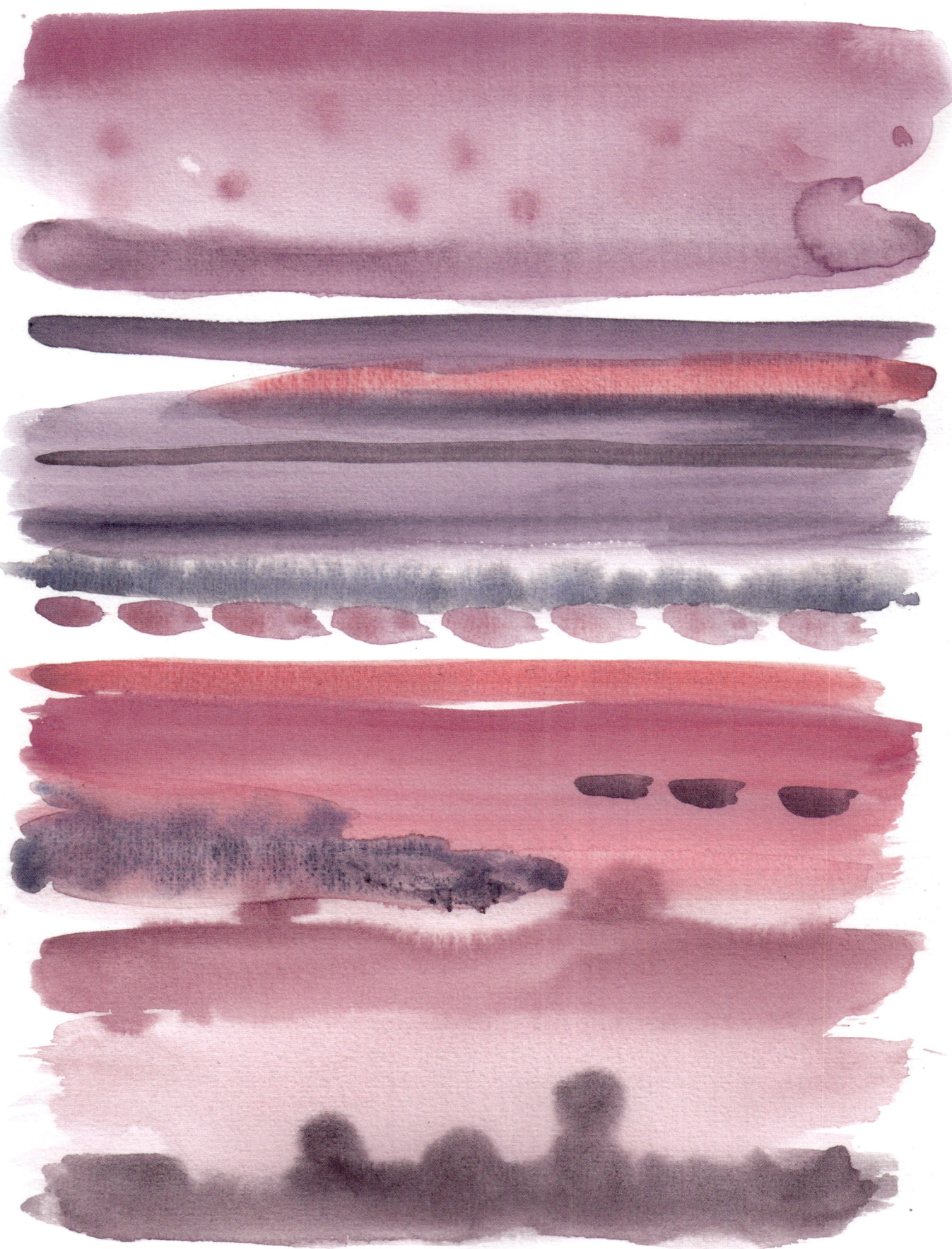